我們的，離島風物詩

絕美祕境、溫煦人情、好食風光，尋訪純淨的島嶼映像

許傑——文字・攝影

推薦序
Preface

以最美的畫面，最質樸真摯的感情，傳遞出台灣海島的迷人與獨特

在這個影像已經成為表達自我最直接、最有力方式的時代，許傑的照片有著極大的優勢，帶著詩意的氛圍，總是會在第一眼就擄獲目光。

但若因此將他歸類為「網美」，似乎太不公平了，身為雜誌媒體工作者多年的經驗，讓我可以看出他所拍下的照片其實是經過「設計」的；更精確的說，是經過「企劃」的。

這就是我第一次瀏覽許傑個人網站「許傑，旅行圖中。」時的感想。當時，二十五歲的許傑還在服替代役，與他的採訪通話還感覺得出略帶青澀，然而他卻已經跑遍台灣，出了第一本書《原來有這站》，用自己的鏡頭和文字，記錄下他所熱愛的火車和鐵道旅行；不僅如此，網站由他自己親自操刀，視覺清新、風格大方，非常容易閱讀，這是我最佩服這個年輕人的地方，他知道怎

麼化繁為簡，知道怎麼把他想說的故事，用一個他擅長的、好的方式說出來。

請讀者們翻開本書中他為澎湖所設計的地圖，就能明白我在說什麼。這地圖不是只是裝飾，更有著極高的實用性，以一個旅行者的需求出發，讓讀者能更快、更清楚找到自己所需要的資訊，當然更重要的是，兼顧了易讀和美觀。

而就像所有優秀的攝影師一樣，除了技術之外，許傑不僅有拍照的熱情，更有耐心和毅力去拍下他所想要讓大家看到的畫面，哪怕需要辛苦跋涉、哪怕需要長時間等待。

追蹤著許傑的臉書、IG，看他出了第二本書《台灣的100種鄉鎮味道》，看他開始辦地方小旅行體驗，接著看他把腳步踏出了台灣，開始有很長的時間在日本、泰國、中國旅行……本以為他要開始寫國外旅遊了，還好，他的第三本書，也就是讀者們現在翻閱的這本《我們的，離島風物詩》，拍的、寫的還是台灣！

這個雲林囡仔，再次以極大的熱情、花了數年的時間走遍澎湖、金門、馬祖、綠島、蘭嶼、小琉球等離島，並以最美的畫面，傳遞出屬於台灣海島的迷人與獨特。

這本書，照片很美、也有著相當的指南與資訊，然而我最喜歡的，還是許傑在旅行中和當地鄉親每一次的互動與對話（竟然可以被在地人找去家裡吃午飯？），那種質樸的、真摯的感情，好動人啊。

林涵青／《食尚玩家》資深主編

作者序
Preface

踏上島外之島，以及離島的離島

台灣本身就是一座海島，但生活在台灣島上的人，對於島的記憶卻是如此單薄而貧乏，甚至很少人能夠正確叫出台灣所有離島的名稱——過去的我也是如此。

二〇一二年準備畢業那年，和同學們討論著要去哪裡展開畢業旅行，大家說來說去都是國外的景點，當時的我已經走完台灣本島的所有鄉鎮，卻始終沒有踏上離島的土地，於是我提出：「去澎湖花火節畢業旅行吧！」原本同學們對於我提出的看法一直抱持著觀望的態度，無法理解為什麼大學畢業旅行要去澎湖？不過最後大家陸續被說服，如期出發前往澎湖，並在當地度過四天三夜的難忘時光。

從前都是在文字與圖片上認識澎湖這座島嶼，第一次踏上這塊土地後，才發現離島的真實風

景。除了眼觀出去的景致之外，島外之島的人們更有著悠閒與樂活的性格，從我們下飛機、到民宿中途以及在島上的美好時光，島民的熱情讓我至今難忘。

自從那次之後，我就愛上了台灣的離島。隔年開始，我持續探索了馬祖、金門、小琉球、蘭嶼及綠島，我發現，雖然同樣都是島，每座島卻有著不同的風景，而這些風景也造就了「島的個性」。除了知名的大島以外，我也持續深入「離島的離島」，如澎湖的鳥嶼，用氣味留下了我的旅行印象；在員貝嶼則遇見了熱情的老船長；初訪虎井嶼，島上的景觀讓我讚嘆——沒想到隔年就入選了「世界十大祕境小島」。再往南走，在七美、望安這些著名的旅遊之島上，我也找到了無人知曉的祕境……雖然它們在地圖上或一般人的印象中彷彿微不足道，被遺落在這片浩瀚大海中，卻一直等待人們去挖掘它們的美——而我，仍然持續探索中。

目錄 Contents

輯二

金門

持著火之勇氣，勇闖前鋒！

目錄
Contents

輯三 馬祖 放下懸浮的思念，像風一樣灑脫

01 Chapter

澎湖・季風的誓言，溫柔之心

火山爆開了名為澎湖的群島，數萬年來，島嶼與季風之間的誓言，跳動出一首唯美旋律；漁民與潮水之間的諾言，劃開了一條溫柔浪路。潘安邦寫下了一首〈外婆的澎湖灣〉，勾勒出澎湖群島的九十個印象輪廓，而有「世界最美麗海灣」之稱的澎湖灣，那片溫柔風景，隨著陽光灑在蜿蜒海岸線上，閃閃發光。

澎湖

Chater 01 Penghu

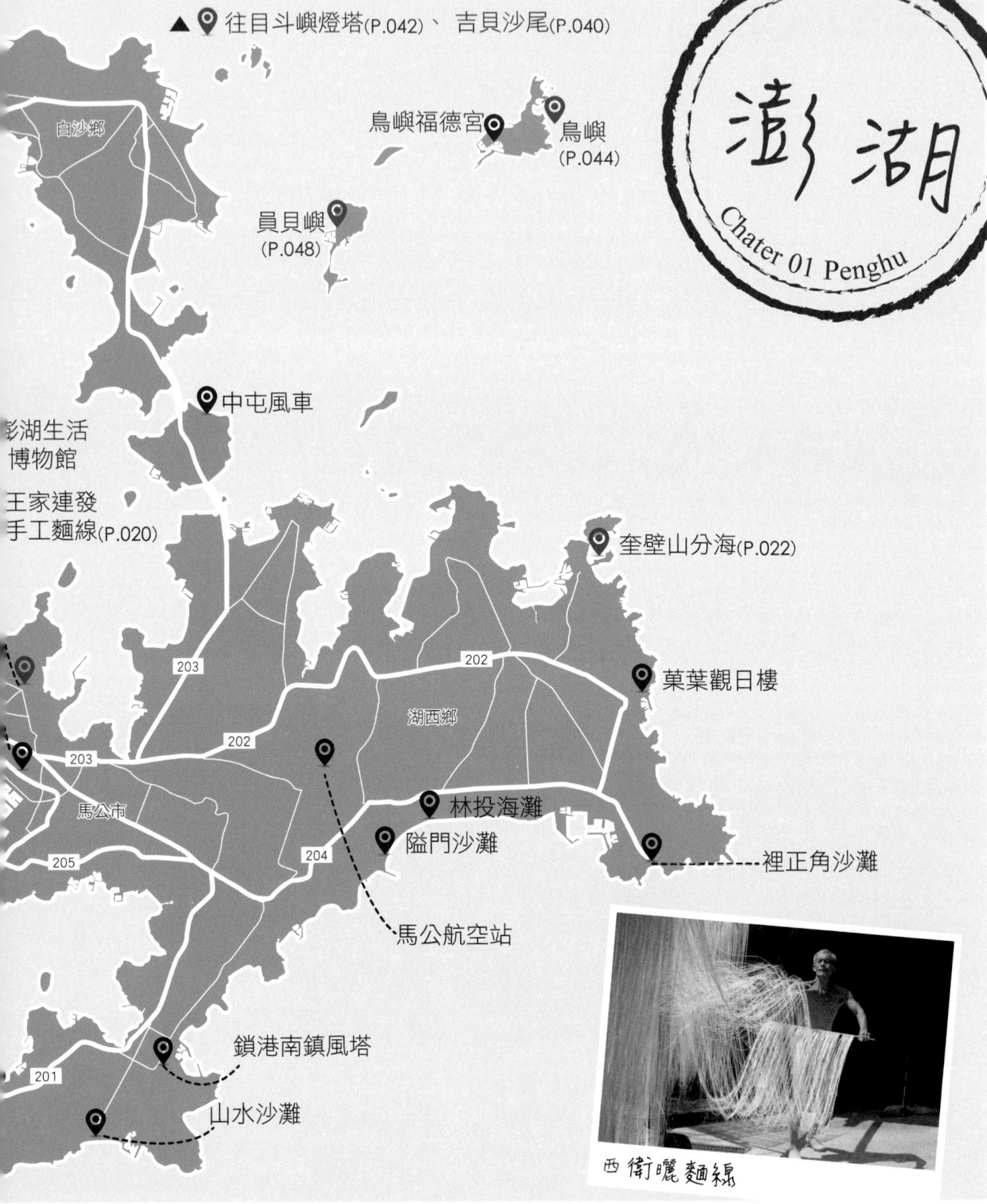

西衛曬麵線

花宅(P.060)
望安鄉
仙人掌冷飲店
網垵口沙灘(P.058)
七美雙心石滬(P.056)
七美航空站
七美鄉
大獅龍程
風景區
月鯉灣浮潛
七美人塚
澎湖跨海大橋
鯨魚洞
小門嶼燈塔
紫菜礁
竹灣螃蟹博物館
西嶼鄉
竹灣造船廠(P.034)
夢幻沙灘
二崁聚落(P.026)
二崁草原(P.028)
大菓葉玄武岩(P.030)
池西岩瀑(P.032)
漁翁島燈塔(P.036)
牛心灣(P.024)
觀音
(P.01
外垵漁港(P.064)
三仙塔
(P.038)
蛇頭山遊憩區
風櫃洞(P.018)
青灣情人海灘
青灣仙人掌公園
虎井嶼(P.052)
桶盤嶼(P.054)
井垵曬魚場
(P.016)
許傑帶路
其他景點
牛心灣

夜空上的浪漫光軌

澎湖花火節

施放時間：每年四月至六月期間
（詳情請依當年澎湖花火節官方網站為主）
施放地點：澎湖縣馬公市觀音亭

時間進入倒數，第一發煙火就這樣冉冉升空，點燃了最精采的夏日花火節序幕。一旁的彩虹橋襯托了煙火，在夜空中與海面上的虛幻倒影呈現出一幅幅畫作，搭上音樂舞動的煙火，撼動心房，二十分鐘下來，讓人驚呼連連，直呼過癮。

在澎湖，煙火是一種結合了藝術與聲光的精采表演。澎湖花火節自二〇〇三年起年年舉辦，成為春夏之際最具有代表性的活動，但這美麗的花火背後，其實是一場空難意外所換來的。

二〇〇二年澎湖外海發生了重大空難事件，影響了許多人前往澎湖旅遊的意願，造成當地觀光產業重創。為了提振觀光、吸引人潮，澎湖縣政府與航空業者合作晚會活動，並於活動最後施放長達半小時的高空煙火秀作為結尾，將氣氛炒熱到最高點。因活動精采，得到相當好的評價，隔年又續辦，成為目前行之有年的「澎湖花火節」。

現在，澎湖花火節在國際已打響了名號，年年邀請國內外知名的花火設計團隊前來施放演出，場次甚至高達二十場，讓花火不再只是燃燒公帑的一場秀，而是成為融合藝術的極美表演，更讓許多觀光客在絢爛夜色中留下在澎湖的最美回憶。

1 得到相當好的評價，隔年又續辦，成為目前行之有年的「澎湖花火節」。

1 雪白的魚鱗反射著澎湖的陽光。

沐浴陽光的溫柔

井垵曬漁場

漁場位置：
台灣澎湖縣馬公市201縣道39號（7-ELEVEN 井垵門市附近）

走在澎湖夏天的路上，陽光熱情地把我的膚色又蓋上了一層印記。午後，一個人騎著車，沿著澎湖201縣道往南方前進，來到井垵村。這裡的空氣中瀰漫著一股「氣味」，我停下車，像隻小狗一樣把鼻子抬得高高的，找尋氣味的來源。

201縣道兩旁有幾間斑駁的水泥小房，小房前是一大片空地，上頭擺放著一格又一格的木製小盤，阡陌縱橫、整齊排開，上頭躺著滿滿的魚兒，彷佛正享受著澎湖的日光浴，那魚肚白亮得可以。

我躡手躡腳地走進空地，拿起相機準備拍下這壯闊的畫面，忽然間，屋子裡傳出一陣聲音：「少年欸！不熱嗎？」一位老婆婆看見我的到來，熱情地向我問候。

「阿婆，這是什麼魚？」我高聲問。阿婆戴上斗笠，從屋內跑了出來，手上還握著正準備要處理的魚。她一一指著地上這些魚說明，有的是丁香、有的則是四破、那是象魚，還有臭肉魚，你有吃過嗎？很好吃的！阿婆的笑容充滿自信。

原來這裡是她的家，也是「井垵曬魚場」。我在蘭嶼曾見過達悟族人將飛魚加工處理成飛魚乾的畫面，沒想到澎湖也有相同的處理手法，只不過比蘭嶼更具規模。曬魚乾在台灣算是普遍的加工方式，會因地域不同而產生不同的處理方式，井垵村更是澎湖目前少數還有在大量處理曬魚乾的所在。

曬魚乾是一種文化的傳承。早期還沒有電冰箱，但夏天適逢澎湖漁貨豐收的季節，很多食物若不加以處理，很快就會因為氣候因素而腐壞。於是澎湖人便利用大自然的力量，將夏日捕撈回來的漁獲，先以鹽水煮熟、再利用澎湖特有的海風及陽光，將漁獲加工成魚乾。最後視魚乾的軟硬程度，決定每條魚晾曬的天數，一隻魚最少也得經過兩、三個白天的曝曬，才能完成——這一切都是為了保存食物，使得冬季糧食不至於匱乏。這樣的智慧，到現今依然被完整傳承下來，成了澎湖家戶之間夏季特有的景觀。

阿婆說，經過加工、曝曬後的魚乾，魚肉剝下後就可直接當零嘴食用，內行一點的人還會再加工，炒熟後配飯吃。澎湖時光的味道，也隨著口述而流傳，成為特有的夏季風味。

2 騎著腳踏車環島的騎士們也不忘停下來，欣賞這澎湖特有的生活風貌。

景點位置：澎湖縣馬公市風櫃里（沿著澎湖縣道201風櫃洞方向騎到底即是）

來吹吹風櫃半島的風

風櫃聽濤

「鼻息間，我呼吸著；海潮間，它呢喃著。」

澎湖的藍天與海洋讓人嚮往，每個人最期待的就是看看海、踏踏沙灘、沐浴在夏日的陽光之中。騎著車，沿著南環道路前進來到了終點，一顆巨大的白色馬卡龍矗立在黑色礁石之上，原來這是一座觀景台。來到澎湖南環的「風櫃半島」，這裡的玄武岩地形長年被海浪侵蝕，當柱狀岩石崩解後形成了

1

狹長的海蝕溝，而海蝕溝的底端又被侵蝕，崩解成了海蝕洞，每當遇到漲潮時，潮水順著海蝕溝灌入通到地面的小孔，受到擠壓的空氣由縫隙噴出，發出陣陣的呼嘯聲，成就了「風櫃聽濤」的美名。

我坐在玄武岩柱上，遠方望去是一座一座的可愛小島，眼前一片海灣，海風與浪花盡情地在耳邊呢喃，海灣內的海水如果凍般透明，薄荷綠的色彩讓人心情萬分療癒。

1 因為地形緣故，這裡的海水看起來是薄荷色的，相當美麗！
2 呈現龜殼形狀的地形相當特別。

2

1

陽光下
展開的柔軟曲線

王家連發
手工麵線

2

日光下，奔走在澎湖島上，「熱」好像已經是家常便飯。都市來的孩子初期可能會覺得新鮮，待久了可能就不太能習慣這種夏日的島嶼暑熱了。而在這樣的暑氣中，有人用溫柔的手勁，撥動著無聲的細弦，拉開了半個世紀的夢網。

早晨的西衛，澎湖的海風挾帶淡淡的麵粉香氣撲鼻而來。騎著機車到這裡，就看到一盤盤蜷曲的麵線在牌樓前的小空間做著日光浴。廣場上，輕柔如絲綢般的麵線在空中拉開、縱橫，在藍天下交織鋪蓋出一張雪白的地毯。

「我可以拍嗎？」

「隨便你拍。」說完，大哥隨即去做他的事情了。

大多人吃過麵線，卻不知道麵線的製作過程。澎湖的手工麵線，每一根都得經過兩次的陽光曝曬，曬乾後還必須經歷二十六個步驟才能夠完成。尤其是傳統麵線，講究的全是經驗和職人的手勁，若是施力不對，辛苦拉出來的麵條就有可能因此斷裂。在職人手上，麵條就如浪花拍打沙灘般，溫柔地無限展延，每一次展開麵條之前，大哥的眼神都是如此鋒利，專注衡量每一條麵線該使出的力道，每一個波動都是靠著經年累月的經驗完成。當麵條在陽光下與影子共舞，瞬間染上了最陽光的溫暖香氣。

大哥、大姊清晨就出來製作手工麵線，但麵線也得靠天吃飯，唯有晴天才能看見這一片雪白。西衛麵線是用汗水混合陽光所引出來的道地澎湖麵線，每一條都是經過無數次抖動而來的美麗線條，承載傳統的味道。

這裡是西衛四十五號，用堅持傳承著澎湖麵線的好滋味，也是無可取代的味道。

店家位置：台灣澎湖縣馬公市西衛里45號
洽詢電話：(06) 6927-5242

1 廣場上，輕柔如絲綢般的麵線在空中拉開、縱橫。
2 製作麵線也得靠天吃飯，唯有晴天才能看見這一片雪白。

期間限定的浪漫之路

奎壁山分海

潮汐開放時間查詢：https://penghu.info/Moses

沿著202縣道前進，轉向澎14線的蜿蜒小路，大風車一字排開，屹立在藍天之下轉啊轉。海風捎來此起彼落的熱鬧對話，原來是當地的漁民正在叫賣著一顆顆巨大的新鮮海膽，此時適逢澎湖海膽盛產的季節，奎壁山變得好熱鬧。

我湊過去看了看，跟小販聊了起來。滿頭白髮的阿姨告訴我：「滿月的晚上，站在奎壁山往海上看過去，你會看到海上布滿漁船、漁火點點，好像天上的星星掉進海裡，星光閃爍，當月色映照海面的時候，很美哪。」我沉醉在她的形容裡，幻想著奎壁山的美景，或許「奎壁聯輝」的美稱就是因此而來的吧。

奎壁山為「澎湖古八景之一」，過去是鮮有遊客踏足的祕境，但近年知名度漸開。儘管現在海上布滿漁火的盛況已不復在，遊客仍為了那彷彿摩西分海中的「海潮小徑」奇觀慕名而來。一海之隔的那座紅土小島名為「赤嶼」，與奎壁山隔海日日相望，但隨著退潮，海底會出現一條三百多公尺的小徑，就像是牛郎與織女的鵲橋相會般，連結奎壁山與赤嶼；而之後的漲潮，又讓這條小徑無情地被海水隱沒。潮汐漲落之間出現的小路日日時間都不同，是澎湖期間限定的浪漫。

1 潮間帶之間藏著許多自然的生物，如寄居蟹、螃蟹、海星、海膽、小魚等等，遊客可以輕易觀察到。
2 赤嶼如其名，有著紅通通一片宛如沙漠般的荒蕪場景。

1

2

外婆的澎湖灣

牛心灣

1

2

景點位置：

沿著澎5鄉道過了赤馬漁港後不久即可看見牛心山，沿著轉彎處小路轉入即可看見牛心灣。

二〇一五年由舒淇與任賢齊主演的台灣電影《落跑吧！愛情》中，女主角紛紛（舒淇飾）因〈外婆的澎湖灣〉這首歌跑到了澎湖，想尋找歌曲中的「澎湖灣」。後來，她遇到了男主角阿武（任賢齊飾），他對著想找歌曲中場景的紛紛說：「我們澎湖，沒有一個灣叫做澎湖灣。」紛紛聽了卻鬧起脾氣，要求阿武帶她去澎湖所有的海灣，發誓一定要找到那個「澎湖灣」……

騎車奔馳在澎湖的道路上，手機裡的那首〈外婆的澎湖灣〉旋律輕快地在腦海中縈繞。這首歌被傳唱多年，紅遍華人圈。但歌曲中的「澎湖灣」，到底在哪裡呢？為了解謎，我騎著車探訪了許多澎湖的蔚藍海灣，只想找到一座能呼應「我心中的澎湖灣」。最後在西嶼的小角落，我，遇見了「澎湖灣」。

往西嶼牛心山的公路相當優美，路形隨著山丘稜線時而蜿蜒起伏、時而筆直，小海灣隱身在赤馬村與內垵村的交界，一旁就是巨大的牛心山，因為地點偏僻，少有遊客來此拜訪。海岸邊滿開豔紅的天人菊，幾朵悠悠的白雲點綴天空，我坐在岸邊，吹著海風，心情非常平靜。看著眼前這片美麗風景，我思忖，原來就是澎湖灣的樣貌啊！

牛心山為澎湖古八景之一，為火山熔岩冷卻後所形成的柱狀玄武岩小島。這座原本孤立的小島，在經過海蝕、海積作用下，現在已經和西嶼本島相連，為陸連島新地形。這顆酷似牛心的山丘，頂上的玄武岩石柱，為兩層玄武岩層中夾著一層沙岩與一層頁岩，是它的最大特色，當季節不同，山下周邊的天人菊與銀合歡的組合所呈現的風景，也截然不同。

確實，澎湖沒有一個地方真正叫澎湖灣，但如果去深刻體驗這裡每一個海灣，我想，就能找到一片屬於自己心中的澎湖灣。而牛心山這兒，就是我心中那座「外婆的澎湖灣」。

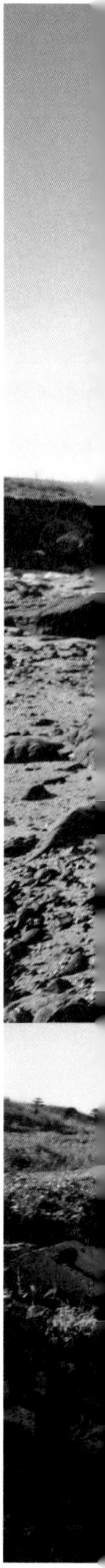

1「我們澎湖沒有一個灣叫做澎湖灣。」2 牛心山為澎湖古八景之一。

凝結在咾咕石牆的文化

二崁聚落

1 二崁傳香鋪利用天人菊、艾草、芙蓉作為原料，製作成天然蚊香。

景點位置：澎湖縣西嶼鄉二崁村14號（二崁協進會）
官方網站：http://www.erkan.org.tw

隨著縣道公路的延伸，遠離了熱鬧繁華的馬公市，車子過了跨海大橋後，就進入島外之島的西嶼，那些舊時代的生活軌跡，隨即映入眼簾。眼前一片寬闊的平原，幾幢紅色屋頂的矮房聚集，成了一片聚落，這裡是台灣第一個傳統聚落保存區——二崁聚落。

停妥了車，人都還沒走進聚落，在巷口就有一陣杏仁香氣撲鼻而來，原來是從聚落中那間老杏仁茶館飄出來的。再走幾步，可看見一扇斑駁的木門，上頭一張紅色對聯，詼諧的文字逗得路人哈哈大笑——這是二崁著名的褒歌文化，字句間寫的是調侃，也是更多過往生活的故事。「二崁褒歌」

以閩南語吟唱平易近人的曲調，透過文字反映當地居民的生活日常，展現出生活百態或是男女思慕情懷等等，在聚落中隨處可見，相當特別。

而木門外的牆垣上，一個又一個的竹簍一字排開，滿放了一枝枝咖啡色的沉香，它們正沐浴著日光，當微風撫過，空氣瞬間盡是沉香的氣味，這是二崁傳香鋪的智慧結晶。

杏仁茶與沉香，透過氣味，凝結了我對二崁聚落的初次印象。

二崁聚落擁有三百多年的歷史，先民以單姓為主，從金門渡海遷徙到了澎湖西嶼，並把金門的閩式建築、生活、文化、飲食帶到此，最後因地制宜發展成現代的風貌。咾咕石堆砌的矮牆爬滿了聚落的時光痕跡，經過修繕整理的閩南式古宅，散發出金門老宅特有的韻味。

據說在建造之時，聚落刻意採坐西北、朝東南的方向，每家的窗戶也都刻意開得較小，目的都是為了避開冬天澎湖特有的強勁東北季風的吹襲。由此可見，先民過去是如何用心觀察，並從中找到與大自然共存的方法。

早期，金門人在澎湖生活，都是倚靠中藥材買賣為生計。但後來產業逐漸沒落，居民紛紛外移尋找更好的工作，聚落的繁華也隨之蕭條。隨著近年澎湖觀光的發展，二崁聚落列入保存區，居民回鄉將早期的生活文化重新發揚，如杏仁茶、沉香等等，彷若一道曙光，灑落於老聚落的屋瓦之上，讓當地有了重新發展的契機。

而巷弄之間有許多內外皆保持著傳統樣貌的店家，屋內更有許多古老家具、生活器具都還在其中，承襲金門講究工法的閩式建築更是值得細細品味。參訪二崁聚落，宛如走進一間金門與澎湖共同發展的生活博物館，逐間發掘、探索聚落內的屋宇，是拜訪這裡最大的樂趣。

每個人心中都有一片柔軟的草原

二崁草原

「天上風箏在天上飛，地上人兒在地上追，我若擔心我不能飛，我有你的草原……」蘇打綠那首〈無與倫比的美麗〉歌詞中這樣唱著。

澎湖雖然是座小島，卻有著令人驚奇的草原，猶如二崁草原，它獨立於二崁聚落一旁。草原景致簡單卻很有力量，大面積的鮮綠搭配著天藍，遼闊的視野與微風讓人心裡也寬闊許多。但遊客總是匆匆而過，忘了駐足停留在此欣賞這片草地所帶來的寧靜感。

不論是春夏的青綠，或是秋冬的金黃，二崁草原都散發出不同的個性。走在這遼闊的草地上，藍天中有白雲，微風徐徐吹拂，翠綠的草原讓我想起了日本的阿蘇火山及草千里。這裡的美，讓人忘了這片草地的前身原是牧羊場，雖然牧羊場已不再，但來到這裡，偶爾還是會遇見幾隻慵懶的黃牛在草地上打著盹，讓心也放慢了下來。

景點位置：

過二崁聚落後沿著澎5往赤崁方向前進，兩旁道路的草原即是。

1 二崁草原地草很柔軟，大約是腳踝略高一點的長度，不論是奔跑在草原之上，或是緩緩散步其中都很適合。

幽黑星空中的世界

大菓葉玄武岩

景點位置：

台灣澎湖縣西嶼鄉池東村10號

我喜歡看星星，看著那些穿越千萬年而來的光，然後許下一個個願望。

夏日夜晚的澎湖，星星其實很閃爍，只是我們都被眼前的人工娛樂遮蔽了視線，失去了凝望絕美夜空的心思，也忽略了承載人們願望的流星、述說久遠故事的星座。

我特別挑了一個沒有月亮的日子，尋找澎湖看星星最美的地點。騎著車，遠離了熱鬧的馬公市，來到了澎湖群島最西邊的西嶼大菓葉玄武岩。入夜後的大菓葉，人潮已如潮水般退去，那片玄武岩更顯黝黑，只剩下漁船透出的微光，映在玄武岩的節理之上。

一個人坐在玄武岩下的草地上，流星不時劃過我頭上的夜空，那繁星點點也串連起一片璀璨的銀河，成就了我對於澎湖星空的期待。

1 一個人坐在玄武岩下的草地上，流星不時劃過我頭上的夜空。

玄武岩的 99種浪漫姿態

池西岩瀑

景點位置：
澎湖縣西嶼鄉池西村，沿著池西漁港旁的指標前進即可抵達。
備註：因為岩石層常有落石，請勿逗留在玄武岩附近區域，以策安全。

西嶼是澎湖本島中最遠的一座島，也是地質形貌最多元的一座島。午後來到池村，小小的聚落傍著漁港，沒有大型漁船，沒有繁雜的作業聲響，沒有遊客喧擾，小小的膠筏上，承載著淡淡而孤寂的漁港之味。

沿著漁港旁的小徑繼續前進，小路沿著海岸線而築，尚未抵達終點，就看到海中那一面又一面、沉浸在海底的九宮格，這裡是早期的九孔養殖場，如今已廢棄，呈現出一種荒涼之美。養殖場一旁，一片黝黑的巨石陣則是柱狀玄武岩。幾朵天人菊於玄武岩上綻放，在風中搖曳著堅韌的生命。

柱狀玄武岩是火山熔岩流噴發後，遇到海水快速冷卻、收縮而成的六角狀型態岩石，池西的柱狀玄武柱以直立、彎曲、倒臥、傾斜等各種姿態，綿延成一片海岸線。早期池西柱狀玄武岩上頭有個人工魚塭，當魚塭的水從岩縫中滲透而出，形成小瀑布，成就「池西岩瀑」這美麗的錯誤。現在那片魚塭已不存在，想看到池西岩瀑，就得遇上一個滂沱大雨的日子，才能親見玄武岩瀑的美。

1 玄武岩在不同時間觀看，會因光線而產生不同的層次。
2 隨著時間風化的玄武岩柱看起來非常壯觀。

1

2

景點位置：澎湖縣西嶼鄉竹灣村76號（竹灣大義宮）

夕陽下的破浪宣言

竹灣造船廠

在電影《落跑吧！愛情》中，有許多場景都是在竹灣取景拍攝，這座小漁村的面貌也因而展現於大眾面前。劇中有段主角阿武到高雄造船廠找弟弟的劇情，後方那許許多多的大船停靠於岸上的畫面，讓我印象深刻。於是我依循著電影中的場景，從馬公出發，沿著澎203縣道進入這個寧靜的港灣。

往村莊裡頭走，會發現平常在海裡行駛的漁船，全都停靠上岸，一艘艘整齊地排開，畫面十分壯觀。我來到竹灣的時間剛好是正午，船邊坐著三三兩兩的

1

師傅正大口嗑著排骨便當，他們看見我背著相機，探頭探腦地盤算著如何拍攝眼前的風景，只簡單喊了聲：「我們這裡什麼都沒有，船最多，自己拍、自己參觀啊！」

竹灣早年是澎湖漁船的產地，全盛時期曾經有七至八家造船公司在此開業，各式漁船要進廠維修、保養都得預約排隊。而現在，想要打造出一艘新船的機會已經相當罕見，而各家造船廠替大量漁船進行維修保養的畫面，也是非常難得一見的了。

早年一艘漁船出航，要撐起船長、船員及背後的整個家庭的所有家計，漁船更是澎湖人與海洋搏鬥的生活舞台。而隨著時代變遷，從事漁業的人變少了，傳統造船產業也逐漸式微，邁入夕陽般的景況，師傅們感嘆地說，造一艘船得經過長時間風吹日曬，過程冗長也相當辛苦，加上位處離島地區，要尋得一個人才，就像在離島娶老婆——真的好難。每一艘船隻都是造船廠的嘔心瀝血之作，探訪竹灣造船廠之後，確確實實地感受到傳統產業在時代變遷中衰落的無奈。

有機會路過竹灣，不妨繞過來瞭解看看，或許過幾年，這樣的畫面會隨著船廠的歇業，只留在電影畫面中了。

1 午後許多工人紛紛上工，也是造船廠最熱鬧的時候。
2 平常應該很少有機會可以站在船底下拍照吧？

台灣最古老的燈塔

漁翁島燈塔

景點位置：

沿著澎湖縣道203往西嶼方向走到底後，銜接澎6到底即是燈塔園區。

1

2

1 藍天下的漁翁島燈塔顯得潔白漂亮。
2 拍攝燈塔園區的最佳拍攝角度，為最裡面的平台轉角處。
3 如果跟三五好友來，可以拍些有趣的畫面來增添回憶。

隨著澎湖的北環道路來到終點，踏上岔路，穿過一片草原，草原上彼端已高掛了一顆橙月，染得草原一片金黃。海風從草原的拂來，盡頭望去是一座披上迷彩外衣的軍營，上頭還掛著一顆望向天的大雷達。

車子隨著道路到此處，已經無法繼續前進了。停妥了車，以步行的方式穿越軍營，哨崗內的阿兵哥不苟言笑，面對遊客歡樂的笑容，他們依然面容嚴肅，形成了有趣的對比。步行約三分鐘，與軍營比鄰的漁翁島燈塔便隨著門牌映入眼簾。

西嶼燈塔也稱為漁翁島燈塔，是澎湖最古老的燈塔，塔高十一公尺，掛著黑色小帽的塔頂是它的最大特色。雖然塔身不比台灣其他燈塔來得高聳巨大，但燈塔射出來的光線最遠竟然可以達二十五．一浬，是周邊海域船隻的希望光引。

走進燈塔園區，即便已經日落時分，大片綠色草地上依然有漾著笑顏的遊客，穿過園區一隅，那一側是燈塔文物展覽室，另一側則是燈塔管理員的宿舍。我隨著階梯上到瞭望台，眼前的海景無敵遼闊，海風陣陣吹來，暮色下的小島，邊境線暈上金黃勾邊，如此絕美。

1

暮色下的聖托里尼

外垵三仙塔

景點位置：

沿著澎湖縣道203往西嶼方向走到底後銜接澎6，過了西台餌砲後左轉，沿著小路前進到底即可抵達。

元宵節的外垵漁港熱鬧非凡，在那之後，外垵又回歸原本漁村該有的寧靜本色。

午後騎著車來到外垵，港邊的人煙稀少，僅有幾個老人坐在岸上喝茶、聊天，往遠方山頭看去，那裡矗立著三座石塔。我實在好奇那三座石塔的功用，剛好遇到港內有位大姊正在整頓一台藍色小貨車的貨物，於是鼓起了勇氣向前詢問。由於大姊一開始的表情非常嚴肅，我有點尷尬，不知自己是否問錯了問

1 隨著夜色漸晚，漁港的燈火也變得動人。
2 白天與夜晚的外垵漁港有著截然不同的風情。
3 三仙塔旁邊的堡壘已經廢棄多年，入夜後有種神祕的氣息。

題，但她聽完後忽然展開笑容，豪邁地說：「那幾座塔叫做三仙塔，要上去的路不在港口內，要往漁翁島燈塔的路過去。左側會看見一條水泥石子路，沿著路騎到終點就是了。」她接著對我侃侃介紹著外垵漁港的各種小故事，這就是屬於澎湖的人情味啊！

離開外垵漁港大約十分鐘左右，隨即看見了大姊說的小路，兩旁是一片寬闊的草原，在午後陽光洗禮下，草原看起來相當柔軟舒服。

小路的終點即是位置居高臨下的三仙塔，在此可以俯瞰整個外垵漁港。隨著夕陽西下，暮色開始替依山勢而建的房屋染上另一層色彩，而華燈初上、漁港紛紛靠岸的時候，整個外垵漁港的夜色更呈現出有別於白天的另外一番情調。在許多攝影師眼裡，三仙塔是他們的攝影祕境。

澎湖因長年受東北季風吹拂，發展出許多在地文化，先人認為狂風是妖怪作亂帶來的風煞，所以依循神明的指示，在特定的位置建造許多石塔用來鎮風浪、鎮百鬼及驅邪止煞，鎖港的鎮風石塔以及西嶼鄉內垵村的塔公、塔婆就是最好的例子。在外垵，三仙塔的歷史已經無法考究，但三仙塔肯定是外垵漁港的守護神。

潮水的尾巴

吉貝沙尾

從白沙鄉的赤崁碼頭搭乘渡船，越過浪花堆疊的深邃之藍，大約二十多分鐘可來到吉貝島。

吉貝島的幅員不大，風光質樸，許多熱愛水上活動的人們紛紛朝聖而來，但熱鬧始終聚集在碼頭、港口、沙尾附近，島的另外一側則鮮少人煙。

吉貝島因周遭因有大量貝殼，受到潮汐推擠，這些海中的貝殼沙與珊瑚碎屑的沉積逐漸堆疊出一片沙灘，名為吉貝沙尾，有人叫它吉貝沙灘，當地人則稱之它為「沙嘴」。從空中鳥瞰，吉貝島

1

就像是一顆埋在沙灘裡的蚌殼，它偷偷地拉出一條長長沙嘴，似乎想嚐嚐這片海洋純粹的味道。

吉貝的海灘十分白淨，搭配海水的「吉貝藍」，風景絕美至極。可以選擇散步在沙灘踏浪，也可以參加當地業者的香蕉船、水上摩托車、玻璃船……等水上活動。

吉貝的風總是如此溫柔，海水也總是如此貼近，它們用各種方式讓自己與旅人之間的關係，更親密了。

乘船地點：澎湖縣白沙鄉赤崁村37之4號（北海遊客中心）

北海遊客中心電話：(06) 993-3082

備註：欲前往吉貝島可向當地旅行社或是民宿老闆直接詢問，票價最為便宜也方便。

1 來到吉貝島，就脫下鞋子去踏浪吧！

2 正中午的吉貝沙尾沙子很燙，要多加注意安全以免燙傷。

2

1

駐守北海的溫柔使者

目斗嶼燈塔

2

乘船地點：
澎湖縣白沙鄉赤崁村37之4號
（北海遊客中心）
北海遊客中心電話：
(06)993-3082
備註：航班時間可洽詢
「金巴達快艇」：(06)993-3551

一張老明信片，捎來了一段沉默的記憶——那座黑白相間的燈塔，彷彿被遺忘在澎湖的某個地方。

目斗嶼塵封多年，近年又重新開放與遊客相見。因為難以抵達，替這座小島覆上了一層神祕面紗，幾年前網路上瘋傳「台灣三十六祕境」，目斗嶼島上的燈塔及海底隧道也入選其中。

從赤崁碼頭搭乘快艇出發，我站在船頭吹著風，帶著期待踏上了目斗嶼。島上的設施有些陽春，卻很有「祕境的味道」。視線隨著碼頭的盡頭看過去，看得到燈塔，卻找不到通往燈塔的路，得徒步攀過重重礁石才可抵達燈塔大門口。終於，我站在目斗嶼燈塔前，看著這座黑白相間、超過百年歷史的目斗嶼燈塔從明信片裡跳脫出來、矗立在我面前，心裡浮現一種「終於也來到了我曾以為到不了的地方」的感動。

目斗嶼周邊是澎湖相當重要的漁場，珊瑚裙礁遍布，與吉貝之間的海域則屬於沉水海蝕平台，水深僅有一公尺左右。由於淺灘加上時常多霧，沉船、海難事件不斷，後來島上計畫興建燈塔，一九〇二年，目斗嶼燈塔正式興建完成，承擔起北海海上交通安全的重責，周遭海域的船難事件也因此減少。

被遺忘在北海之上的目斗嶼面積雖然只有〇．〇二一平方公里，卻擁有純淨湛藍的海水、壯麗的黑色玄武岩與黑白相間的目斗嶼燈塔，島上的顏色是如此單純而鮮明，也因如此，這裡曾經風光一時。早期，目斗嶼是澎湖的浮潛聖地，但隨著相關業者漸漸退出島後，目斗嶼猶如漂流在大海上的落葉，隨之被遺忘。

澎湖近年積極發展北海觀光，這座沉寂多年的小島，終於可以與遊客再次相會，寫下新的故事篇章。

1 和朋友一起登上這座祕境小島，印象很難忘。
2 目斗嶼保留著原始的風景。

東海

乘船地點：澎湖縣白沙鄉岐頭村
16-5 號（岐頭遊客中心）
岐頭遊客中心電話：(06) 993-1527
航班資訊：
鳥嶼出發：07:00、14:00
岐頭出發：11:30、17:00
票價資訊：70 元
吉鴻號電話：(06) 991-6156
岳興號電話：(06) 991-6226
愛國號電話：(06) 991-6066

當我追逐著那些生活的線索

鳥嶼

1

1 白色巨鳥雕像是鳥嶼的精神地標。
2 島上的房子不約而同地漆成了黃色的外牆。

喜歡一個人冒險的我，陸續征服了澎湖群島的七美、望安、桶盤、虎井、吉貝、金嶼、員貝……等島嶼，為了開拓新的旅程，我踏上了「鳥嶼」。

顧名思義，「鳥嶼」是座充滿候鳥的島，與觀光向來扯不上邊的它，保留了大量的自然生態環境，是愛鳥人士眼中的賞鳥聖地。而島上的玄武岩因長期受東北季風及海水侵蝕作用，形成相當特殊的地形風貌，也被列為「玄武岩自然保留區」。

這座以鳥為名的島嶼，是離島中的離島，除了參加當地配合的套裝行程外，散客只能搭乘當地的交通船。搭乘地點在岐頭碼頭。莫約十一點左右，我就來碼頭旁等候著開往鳥嶼的公營交通船。岐頭碼頭主要是連接東海，更是員貝及鳥嶼居民進出澎湖本島的通口。

交通船終於來了！船體跟我想像的不一樣，不像淡水與八里之間的小艇豪華，也不像吉貝島之間的快艇新穎，而是一艘非常可愛的小漁船所改造成的小白船。第一次搭乘這樣的小白船，心裡滿是興奮，我開心地跳上了船，發現船上除了有許多白髮蒼蒼的居民之外，也滿載了即將運往島上的貨物及糧食。三十分鐘左右的船程中完全沒有空調，吹的是海上來的自然風，因為人多，船艙內顯得十分悶熱，但由於鳥嶼人口很少，鄰居之間大多熟識，這些老人家們一路聊天歡笑到了鳥嶼，讓我還未踏上鳥嶼的土地，就感受到了美好的第一印象。

交通船還沒停靠港口，就能看到港邊有兩隻大鳥的雕像。一隻是擁有潔白的身軀的大鴿子，另外一隻則是展翅翱翔的大老鷹，它們共同守護著鳥嶼的港口，也是鳥嶼的精神象徵。

下了交通船，我終於踏上這塊少有觀光客之地，陽光亮晃晃地灑落，島上的建築多數都漆上了黃色的油漆，搭配藍天與白雲，視覺上非常舒服。繼續沿著村子走，我看見漁具整補場上布滿了魚乾、章魚與魷魚，這彷彿在做日光浴的景象，是島上居民生活文化的縮影之一。漫步中，我卻連一個居民的蹤影都沒看見，而為了逃避炙熱的豔陽，我躲進了宮廟中，但連宮廟內也渺無人煙。

這座島上的人呢？雖然鳥嶼目前登錄人口有一千多人，但實際走在村在內卻感受不到有如此多居民的感覺，只剩下寂靜的氣息填滿了每一寸空間。

沿著珊瑚石堆疊的圍牆走著，發現鳥嶼也有一條中正路。更可愛的是，鳥嶼島上所有的機構單位都是唯一，如鳥嶼國民中小學、鳥嶼警察局、鳥嶼活動中心及台灣第二大的福德宮，形成一個獨立的生活圈。島上欠缺的就是餐飲店，僅有幾家如電視劇中會出現的老雜貨店，販售著餅乾及飲料而已。

3 天氣晴朗，廣場上正曬著魷魚及小章魚。
4 空氣中瀰漫著的淡淡香氣都由這裡散發而來。

3

4

1

1 帶上小摺，來員貝嶼展開單車環島吧！
2 從員貝的後山看出去，是島上最美的視角。

船長說，來我家做客吧！

員貝嶼

乘船地點：澎湖縣白沙鄉岐頭村 16-5 號（岐頭遊客中心）
岐頭遊客中心電話：(06)993-1527
航班資訊：員貝出發 06:30、14:00；岐頭出發 11:00、17:00
票價資訊：70 元
愛貝號電話：(06)993-2745

從赤崁碼頭搭上小白船，隨著航道穿越過一座又一座的無名小島，我踏上了這座離島中的離島——員貝。從空中俯瞰，員貝嶼的外型就像是一顆扇貝覆蓋水面，因而得名。

跳下了船，島上的天空有道拖曳著長長尾巴的飛機雲，天空揮灑了滿滿的靛藍色，海鳥在風中翱翔，那些溫潤的風景，把我的視線從港口銜接到了村落內，島與海岸的邊緣，這座遺留在澎湖東海上的小島。

踏進島上唯一的村落，歲月把員貝嶼剪成了一塊塊碎片，一塊塊老石壓在破舊的老宅的屋頂，珊瑚石組成的圍牆布滿了仙人掌，彷彿護衛著島嶼的寧靜，不被侵擾。一隻小貓悄悄地走進了小巷，彷彿告訴著我，斑駁是這座島最後的伏線。是不是什麼地方出了錯，才讓這座小島如此寧靜？

走在村落內，左手拿著釣竿、右手拿著冰桶的漁夫正在堤岸邊收拾，看見在島上遊走的我，熱情地打了招呼，問我是否午餐有著落了？我問：「島上有推薦的美食嗎？」漁夫笑著回答：「有啊！就是我家，午餐來我家吃飯吧！」「你家是開餐廳嗎？」我接著問。漁夫說：「我家有客廳，有飯廳，哈哈哈哈。」那熱情、爽朗的笑聲讓人印象深刻，於是當下就接受了漁夫的邀請。他給了我住家地址，說：「你先去島上走走逛逛，中午時也有客人會到我們家作客，你就一起吧！」

沿著島上唯一的步道走，穿越了村落來到島後，站在矮丘上俯瞰這島中的一片窪地，有著用珊瑚石堆砌成一格一格如蜂巢的形狀——這是澎湖人為了耕種而建築了抵禦強風的城牆，名為「菜宅」，十分特殊，因此形成了「蜂巢田」的樣貌。穿越菜宅迷宮向前走，風景換成藍與綠之間的大海與草原，在這裡，找不到一處屬於人工的建物，只有完全純屬自然的風貌。

視覺沉溺於美景，腳步繼續沿著步道前進，轉眼間我又回到了村子內——原來員貝島步行約三十分鐘左右就可以走完，比我想像得還要小。我站在步道終點往村內看去，粉黃色的牆搭配了紅色的屋頂，忽然想起剛剛漁夫跟我說的話：路的終點可以看見小荷蘭村。或許，他所形容的就是這裡吧。

走進村落沒多久，漁夫出現了，原來他的家就在這裡。漁夫叫做阿德，是員貝島上唯一的度假村——富晟休閒渡假中心——的主人。我跟著阿德走進了度假村，裡頭早已有其他客人在此等候，看見我到來，大家也熱情招呼。阿德拿出精心準備的午餐，放上滿滿的啤酒與果汁，用滿滿的熱情，讓我們這群人在這座島上，從陌生人成為一家人。

3 島上的潮間帶，可以撿到許多海膽。

4 愛貝號是往來員貝唯一的交通方式。

3

4

南海

1

踏上世界祕境之島

虎井嶼

乘船地點：澎湖縣馬公市新營路25號
南海遊客中心：(06)926-4738

從澎湖南海遊客中心出發，我搭上往南海前進的快艇，隨著海面上拉開的兩條浪花，三十分鐘的橫渡航程之後，船長拋下錨，彷彿宣告我們正式登陸虎井嶼。就這樣，我來到了這座世界祕境島嶼。

跳下了船，灰白色的堤防上幾隻海鳥在嘰嘰喳喳彷彿談論著什麼，沿著素色的堤防望去，村落就築在港邊，那棟擁有最華麗外觀的建築，就是現代化的虎井遊客中心；視線再移過去，還有間塗上彩繪的繽紛警察局。莫約十多公尺的街道，彷彿時間凍結，好安靜，僅剩幾位坐在屋簷下的老人們，與我熱情地寒暄問好，並告訴我：這裡是虎井島上最熱鬧的地方。

虎井嶼距離馬公很近，卻有著不同的風景。在虎井島上的移動，都得靠碼頭的接駁巴士，從車上的司機兼導遊、也是當地的返鄉青年口中，我在心裡描繪出了虎井嶼早期的雛型，但始終無法還原這裡過往的面貌、替島上過往的風光著色。這裡過去漁業蓬勃，帶動當地的經濟繁榮，全盛時期島上曾有三千多位的島民共同生活。但在時代變遷下，沒有太多的開發，漁業蕭條、工作機會減少，加上許多年輕人不願留在當地工作，紛紛選擇出走小島，目前只剩下三百位左右的居民。而島上唯一的小學「虎井國小」，全校更是只有五位的學生而已。

隨著巴士來到島上的制高點，這裡著名的景點有十八羅漢公園及北回歸線塔，我站在公園邊側看出去，島上咖啡色與灰白色調相間的房子，很像撒落一地的積木，而那些起伏的玄武岩山丘就在我腳下。虎井與世無爭的小島風情，緩慢地讓人擁有一種遠離世俗的塵囂感，「祕境始終是謐靜」。

1 虎井被列為十大祕密小島。
2 沿著島上小徑，可以登上島上最高的地方眺望。
3 島上商店不多，只有幾間賣餐食的小店。

3

2

火山熔岩島的
外海巡禮

桶盤嶼

1 桶盤嶼就像是一個桶子倒蓋在海上。

桶盤嶼像是一顆孤傲的棋子，屹立不搖地定在澎湖的蔚藍海洋上，用獨一無二的姿態存在於地球上。

數年前桶盤嶼還沒有封島，那時我很幸運地曾登島一覽，幾年之後我又回到了此處，卻已沒有機會再登上這座島嶼了。原因很簡單，因為桶盤嶼的地形相當脆弱，加上島上的環島步道建置在壯闊的玄武岩下方，路段常常發生落石坍方的意外，為了保護遊客的安全，並永續這座島嶼上的自然資源，目前桶盤嶼已不再是觀光客可以輕易踏足的地方了。

現在想就近觀賞桶盤嶼，就得參加跳島包含「桶盤嶼外海巡禮」的套裝行程，路線則是從南海的虎井嶼出發，船隻會開往桶盤嶼外海，讓旅客就近觀賞桶盤嶼的特殊玄武岩地形，航行時間大約十五分鐘。船班很貼心，會盡量選在黃昏時分前往，讓玄武岩在夕陽染色下呈現一片金黃，這是整座島嶼看起來最漂亮的時刻。船長也會貼心地將船繞行到特定角度，讓遊客留下桶盤嶼最美的一張照片。

乘船地點：澎湖縣馬公市新營路25號
南海遊客中心：(06)926-4738

1
2

潮起潮落中的遺忘

七美雙心石滬

在《落跑吧愛情》電影中有這樣一段劇情，只要在澎湖七美的雙心石滬前許下心願，並拿出一顆石頭丟進石滬中，喜歡的人就會很快出現——這樣的情節當然純屬虛構。真正的雙心石滬，在澎湖的形象廣告中被包裝地非常浪漫，但大多人卻不太清楚「雙心石滬」到底是什麼。

七美鄉位於馬公市區南方，船程約一個多小時，早期觀光發展沒有現在如此蓬勃，但懂得行銷的澎湖當局看中了這個特別的雙心石滬，賦予石滬浪漫的愛情故事，打造出一系列關於愛情的浪漫故事，後來被視為愛情永恆的象徵。

全世界石滬分布在澳洲、夏威夷、密克羅尼西亞、芬蘭、日本、琉球群島、泰國等國家，但總數量卻剩約不到六百口，可是澎湖卻擁有五百七十四口以上，是世界上最多的石滬群。

石滬為澎湖人與大海相互依存的捕魚方法，在沒有船隻能出海大量捕魚的時代，漁民僅能在潮間帶靠著漁撈活動從事海耕，透過觀察發現魚的迴游特性，利用潮汐起落的原理，在潮間帶以石頭堆砌幾道圓弧形長堤，並從淺水處延深至深水處，每當漲潮時，魚群順著海水湧入石滬中覓食；退潮後，石堤將高於海面，覓食的魚群將被困於石滬內，漁民藉此輕鬆捕捉到漁獲。石滬也因此有「海上長城」之稱，更是先民的海洋智慧運用的精髓。雖然時代改變、石滬的利用相對減少了，但當時堆砌出來的樣貌卻重新改變了七美的命運，也打開了世界的能見度。

乘船地點：澎湖縣馬公市新營路25號
南海遊客中心：(06)926-4738

1 七美是愛情之島，島上隨處可見以愛心為造型的裝置藝術作品。
2 澎湖有名的地標：雙心石滬

望安

盛滿記憶的仙人掌冰

望安網垵口沙灘

「望安島上沒有平坦的柏油路，盡是水泥拼接而成的拼布道路。」一我騎在島上唯一的道路上，不時撞見美麗的蔚藍海岸，海水無時無刻都閃亮亮的。

望安島是澎湖南方的一塊綺麗之島，被我解讀為「希望、平安」的

1

意思，彷彿來到望安，希望與平安之感就湧上了心頭。每次登島，我都先直奔港口旁的「仙人掌冷飲店」，趕緊點上了一碗麵與湯來填補胃的空洞，不到一張鈔票的價格，輕鬆解決了一餐。再捧著一碗仙人掌剉冰，直奔位於小島東南方的「網垵口沙灘」，坐在布滿了雪白的貝殼沙灘，打開已被熱情溶化的仙人掌冰，配著眼前薄荷綠的漸層大海，吞下一口屬於夏天的鹹甜滋味，心就此被療癒了。

乘船地點：
澎湖縣馬公市新營路25號
南海遊客中心：
(06)926-4738

1 到望安買杯我最喜歡買仙人掌冰，坐在海邊看海，吃著酸甜！
2 網垵口是島上最美的沙灘。

2

它的歲月，始終靜好

望安花宅

1 仔細看花宅內，可以發現很多囍字窗。
2 花宅的小徑走到底可以看見一片湛藍的港口。

歲月依然靜好，人卻已老樓已空——這是我來到花宅的第一印象，也讓我想起「蹉跎錯，消磨過，最是光陰化浮沫」這句話。花宅聚落位在望安島中央，又名中社古厝，目前僅剩寥寥無幾的居民在此定居，巷尾賣著爆米花球的阿公、阿嬤臉上刻著歲月的痕跡，巷口賣著冰茶的阿姨也打著盹，時間從他們身旁流過，卻似乎不是什麼要緊事。

穿越陽光灑落的小徑，走過星羅棋布的閩式古厝，在毫無人煙的街道，小花貓攀在矮牆上自在跳著，沒人責怪牠的調皮；小黃狗靠在門檻上打著瞌睡，無人責備牠的慵懶。花宅內的老石牆經過風雨侵蝕已然發黑，紅色屋瓦褪色，屋樑、窗花、木門皆頹圮，散發出寂寥的滋味。

穿過一片仙人掌構成的樹海，湛藍大海瞬間映入眼簾。港口一座、小船幾艘、有著海鳥跳躍的堤防，天與海連成一線，成就一片新的風光。

同個天空下，卻彷彿不同個時空。隨著時間凝結，觀光的人潮填充不滿花宅的孤寂，這座失落的村落充滿著被遺忘的廢墟，古色的門樓更增添花宅聚落的滄桑，當一陣風吹來，貫穿花宅的街道，曾經的繁榮與興盛彷彿都隨著那褪色的囍字窗，化做雲煙。

1
2
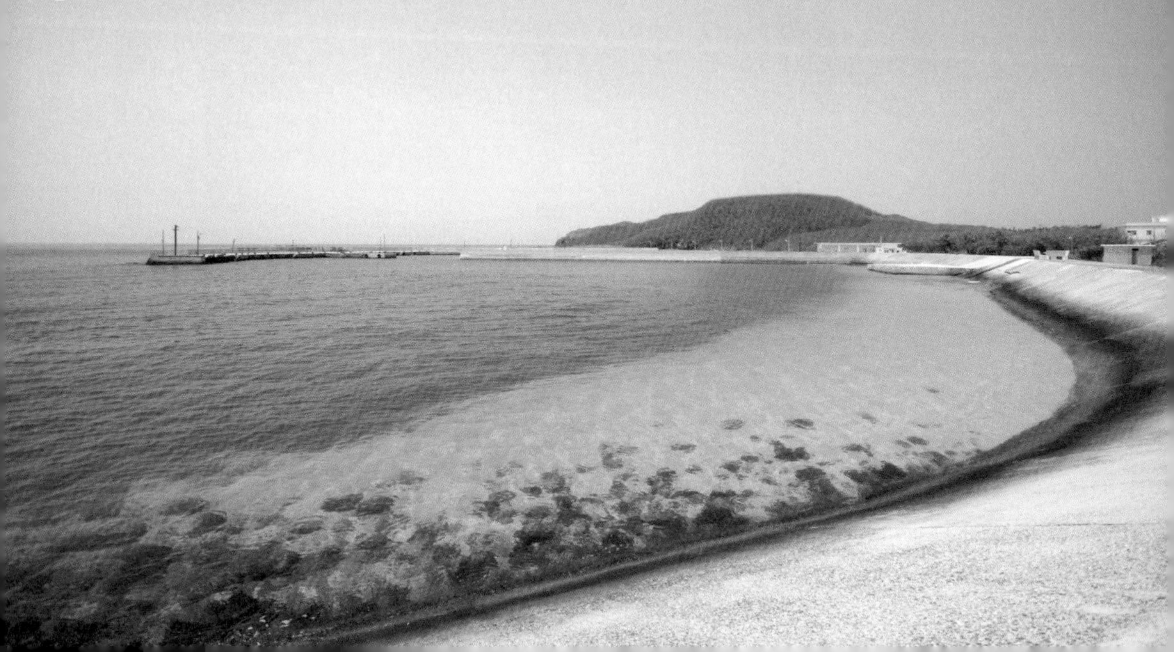

澎湖元宵慶典會

外垵漁火海上燈會

北天燈、南蜂炮、東寒單，那說到西邊呢？很少人知道元宵節的澎湖，其實比過年還熱鬧！

元宵節對於我們來說是非常重要的節慶，從每年由各地爭相舉辦的燈會及國家等級的「台灣燈會」就可略知一二。而澎湖人的元宵節又是怎麼過的呢？島上會舉辦乞龜活動，在地方的諺語「摸龜頭，起大樓；摸龜尾，存家伙；摸龜殼，事業穩達達；摸龜腳，金銀財寶滿厝腳」中，可知道乞龜有乞求平安的意思，因此每個村子都在比誰的乞龜特別、比誰的乞龜大。

西嶼外垵村的溫王宮是元宵節主要的活動會場，前後會展開鬧三天的祭典。在早期，漁民為了感念上蒼保佑，也祈求未來一年能夠漁獲豐收，便約定了元宵節起熱鬧三天不捕魚，也共同點亮漁火祈福未來，因此有了「外垵漁火」這場澎湖限定的「海上燈會」，更為澎湖的八大景之一。元宵當晚來到溫王宮，港內會有近千艘漁船聚集，並同步點起超過萬盞的漁火，照亮整個西嶼島的天空，有象徵光明及添丁之意，搭配遶境、煙火，宛如一場海上慶典，每個細節都可以看得出澎湖人虔誠的心意與信仰，溫柔了澎湖的一年初始。

活動地點：
澎湖縣西嶼鄉外垵漁港內
活動時間：
每年農曆元宵節前三天

音
傳
世
間
千

02
Chapter

金門・持著火之勇氣，勇闖前鋒！

一張籤讓人掉進了烽火的時空，那時候追逐的夢，是否都還收藏在心中？

金門有著輝煌的歷史，卻也是一座充滿傷口的哀愁小島，它和馬祖一樣，在地圖上總是默默地守候台灣的前線，因為這樣的地理位置的因素，發展出許多戰地特有的景觀與建築，遺留許多要塞。

一條條掌管命運的線，讓金門經歷過許多滄桑歷史，誰也不願住在戰地前線，但命運就是如此安排，只能接受。命運多舛的它，歷經戰火洗禮，留下了許多遺憾，卻也讓許多此地獨有的風景保留下來，而這些足跡及紋理，也運用了不同的方式，重生。

Kinmen

金門
Chapter 02 Kinmen
馬山觀測站、三角堡(P.102)
西園鹽場(P.096)
田墩海堤
山后民俗文化村(P.090)
獅山砲陣地(P.104)
沙美老街(P.086)
寒舍花(P.094)
王阿婆小吃店(P.098)
睿友學校
(P.100)
陽翟老街
(P.088)
金沙鎮
瓊林風獅爺
太武山風景區
復國墩(P.108)
金湖鎮
八二三戰史館
門機場
陳景蘭洋樓
(P.106)
特約茶室展示館
許傑帶路
其他景點

山后聚落

馬山三角堡

風獅爺

北山斷崖、北山播音牆(P.076)
古寧頭戰史館
北山古洋樓(P.078)
金寧鄉
三角堡
慈堤夕陽(P.080)
勇士堡
湖井頭戰史館
鐵漢堡
地雷主題館
金門烈嶼將軍堡
雙口沙灘(P.112)
烈嶼鄉
八達樓子(P.110)
勝利門(P.110)
九宮(四維)坑道
烈嶼青岐烈女廟
(王仙姑廟)
建功嶼
(P.072)
水頭聚落(P.074)
得月樓
金城鎮
珠山聚落
翟山坑道(P.070)
金合利鋼刀(P.0
清金門鎮
總兵署
(浯江新莊)
莒光樓
(P.068)

不到此處，等於沒來過金門

莒光樓

景點位置：金門縣金城鎮賢城路1號
洽詢電話：(08) 232-5632
開放時間：08:00-22:00

1
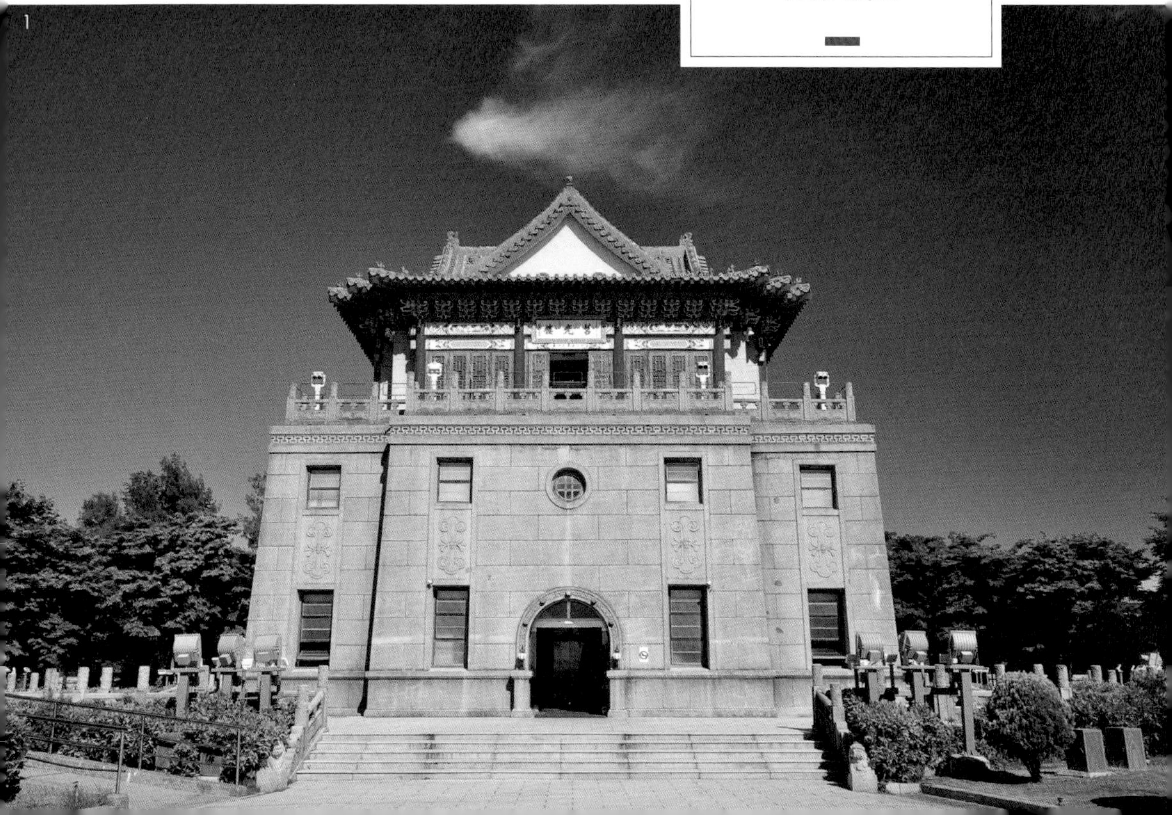

每一個城市都有一座屬於他們的地標，而說到金門，濃厚的迷彩外衣之上，其實有一幢建築，是我最初的金門印象，就是金門地標「莒光樓」。名列金門十景第一名的莒光樓，在金門人之間有這麼一句話：「沒到過莒光樓，別誇說到過金門。」

莒光樓興建於一九五二年，主要用來表彰金門歷次戰役的官兵事蹟，並揭示「毋忘在莒」的訓示，郵局更曾以莒光樓的圖樣發行郵票，隨著信件的遞送，莒光樓的郵票傳遍世界各地，許多人看過莒光樓的樣貌，卻不見得曾親自拜訪過金門。

1 莒光樓為金門的地標。

2 登上莒光樓外的看台區，遠方的金城鎮與浯江海岸盡收眼底，能見度更高的時候，據說連烈嶼和廈門的高樓大廈都能看得一清二楚。

2

以音符洗刷
那條曾經的
幽暗之路

翟山坑道

1

2

景點位置：金門縣金城鎮珠水路過古崗樓後沿指標前進即可抵達。

洽詢電話：(08) 231-3241

當緊張肅穆的氣氛不再，許多戰地據點逐漸轉型開放，讓遊客透過親身走訪，感受當時戰爭時的氛圍。戰爭時期，這座小小的金門島上挖掘了許多地下坑道，每個坑道的功用不盡相同，而翟山坑道則素有「金門最美的水上坑道」之稱。

翟山坑道位於金城鎮的古崗村東南方，進入坑道以前的一座小廣場上，展示許多戰機與戰車，以迷彩視覺填滿了初步印象。穿過了入口處的崗哨，一旁牆面還留有當時征戰時期的精神標語「毋忘在莒」，刻了紅字的石面上卻已爬滿了斑駁的歲月痕跡。而標語的對面，即是翟山坑道。

從翟山坑道的花崗岩洞口貫穿而來的，彷彿是時代的風，越往前走，眼前的光線逐漸幽暗、空氣潮濕，心裡也越是不安。走到坑道底層，一條寬敞的水道映入眼簾，面前的步道已與海平線平行，牆面更是看得出水線的痕跡，這是因為翟山坑道原是小艇運補據點，洞口一側與海水相連，時常受潮汐影響而隱沒。

翟山坑道當年動用三十六萬餘兵力、歷時三年闢建完成，一九六六年興建完工後主要提供小艇搶灘運補之用，至今仍保有當年碼頭的痕跡。坑道於一九九八年開放讓遊客進入參觀，轉型為一座觀光坑道，當時搶灘的緊張氣氛不再，轉而利用投影光線，將隧道打造成充滿不可思議之美的洞穴。

金門縣政府更不定期在隧道內舉辦藝文活動，為全國首創的「坑道音樂節」，利用翟山坑道如音箱的特色，用敲擊、弦樂等方式，讓悠揚的曲目在坑道裡飄揚，以音符洗刷當時肅穆的氣氛，也藉此緬懷當時犧牲的烈士們。

1 翟山坑道內會打上非常夢幻的燈光。
2 翟山水道長度約 357 公尺，呈 A 字型，另一方的出口還可以感受坑外的光線及浪濤聲。

潮水隱沒之島

建功嶼

1 退潮後的建功嶼。
2 建功嶼過去是軍事用地，現在登島還是可以看見當時的軍事標語。
3 建功嶼島上的石頭還刻寫著過去軍營的編號。

1

隨著日月星移，潮起潮落，金門島上落下了許多故事。

查了潮汐表，我站在岸邊，等待著眼前此刻的潮水緩緩退去，海底露出一條布滿泥濘的石板路，串連起水岸那側原本的孤島——建功嶼。

建功嶼只有大約五百平方公尺，以往卻是讓金門人卻步的所在。清末民初時，曾將一些痲瘋病患移入島內，透過潮汐困住病患，並讓他們自生自滅於島上；金門人也稱這座孤島為「痲瘋島」，沒有人敢親近它。後來，隨著國軍進駐、興設雄獅堡、渡頭及延平郡王祠，建功嶼披上了迷彩外衣，成為前線之島，濃厚的戰地風情漸漸帶走了過去的恐懼，而島上那一尊鄭成功的雕像，也持續守著小島的下一個世紀。

隨著金門開放觀光，建功嶼神祕的色彩也隨著石板小徑的露出，連線起觀光之路。夕陽時分，餘輝渲染整座小島，而金門居民撿拾蚌殼及捕捉螃蟹的背影，與遠方廈門的都市對比，讓這座島嶼仍舊顯得孤寂不已。

景點位置：金門縣金城鎮建功嶼
交通方式：可搭7路公車至「延平郡王祠」站下車，再步行五分鐘。

2

3

今天，早點回家

水頭聚落

景點位置：金門縣金城鎮前水頭 45 號
洽詢電話：(08)237-5458
開放時間：08:30-17:00（得月樓）

走進向晚的水頭聚落，小朋友們正在金水國小前的廣場跳著格子。飯菜的香氣越過了老宅的窗口，飄進了廣場，「回家吃飯了！」一句話，替今天繚繞水頭開心的嘻笑聲畫下了句點；此時，暮色暈紅了聚落上的屋瓦，蝙蝠也出動覓食了。金門的日子，就是在如此的純粹中堆起。在戰火結束後，歲月又回歸當初的靜好，而那間矗立在聚落中的得月樓，繼續溫熱著屬於水頭聚落的笑顏。

金門與福建僅一海之隔，當地的居民原籍貫皆與福建相連。當時居民遷徙到金門島上時，帶進了閩式建築的風格。水頭聚落擁有七百多年的歷史，是金門古老建築群中保存最完整、也是詮釋最完美的聚落。顧名思義，「水頭聚落」接近碼頭邊，當地的商人多透過碼頭至海外經商，造就居民普遍富裕的景況。而商人返鄉後興建一棟棟豪宅，並將國外建築元素融入閩式建築之中，形成中西合璧的美麗樣式，也把對於未來的期許與願望，封存在山牆上了。

解讀山牆的密碼是逛水頭聚落的樂趣，另外從懸魚上也可以得知屋主求的是福、祿或是官位。隨著時代進入民國，聚落中的豪宅也跟進，紛紛貼滿了磁磚貼花，一磚一瓦細緻而美麗。華麗的番仔厝堆疊起水頭聚落的富裕象徵，現今的聚落在古蹟文化保存意識抬頭下，村內的老屋都保存得相當完好，並轉型成為民宿、展館或是個性小鋪，讓老聚落能夠用原本的根基，持續發酵出新的價值與故事。

1 午後光線映入老宅更是漂亮。
2 水頭聚落是我在金門最喜歡的聚落。

1

2

金寧

1 播音牆前就是北山斷崖。
2 北山心戰牆面向廈門，約三層樓高的主體內部設有四十八個大喇叭，聲音據說可傳達至二十五公里外，也是全國唯一開放的播音牆。
3 彷彿巨人置放在海岸邊的音箱。

足以點燃希望的一句話

北山播音牆

1

在電視劇《羋月傳》中，羋月透過心理戰，無須大動干戈就能擄獲反叛份子歸降的心，那劇情實在令我印象深刻。過去兩岸對峙的時期，除了用砲火的無情攻勢之外，柔性的訴求喊話、打心理戰也是作戰的一種方式。騎著車穿過了戰役點古寧頭，柏油路銜接了土黃色的石子路，進入了金門島邊緣，腳踏的這片黃土之地，曾經是多少人用鮮血才換來和平呢？實在讓我不敢想像。

遠方那一座彷彿巨人置放在海岸邊的音箱，望著海岸的那端，曾日日對著彼岸喊著一段又一段美好未來。在金門接近中國大陸的北山及馬山上，也各設置了一座心戰牆；而對岸也不甘示弱，於大嶝島上也設置了一座回擊，兩岸在海峽上用標語和音樂進行攻防。這片原該是平和的美麗海峽，卻因歷史沉浮著複雜的情緒，讓人不得不感到戰爭的可怖。

過去一代巨星鄧麗君也曾登上心戰牆上喊話，走入心戰牆內的展覽室，還可見到鄧麗君與弟兄們的合照，如今鄧麗君的身影雖已經消失在這個世界上，卻留下一張張照片及美好的歌聲伴隨著我們。這座心戰牆的存在不僅是讓人緬懷，也是警惕著我們，人可能因為一句話而改變，世界也會因人為而改變。

景點位置：金門縣金寧鄉北山村南山路走至底，繼續沿著鄉間小道的指標前進即可抵達。

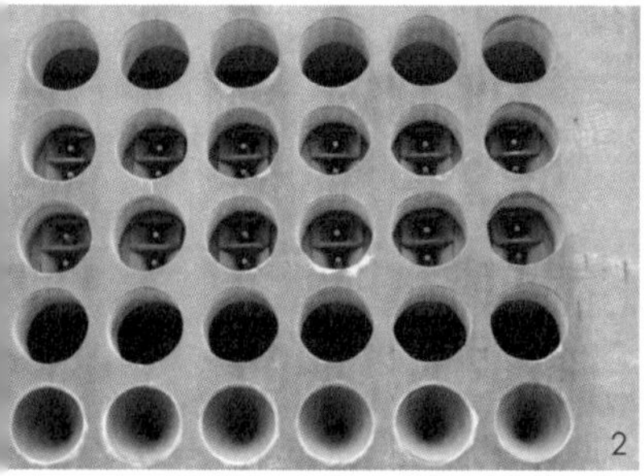
2

3

淚水崩解的那一晚

北山古洋樓

景點位置：金門縣金寧鄉古寧村北山46—5號

那一年，共軍強行突破防線、登陸金門古寧頭，整晚用槍砲聲震響了整個村子，過往平靜的日子就在槍聲中伴隨著恐懼與淚水，瞬間瓦解了……金門各大小戰役中，屬民國三十八年的古寧頭戰役期間最為慘烈，地點就在北山地區。走進現今的古寧頭，藍天白雲下的古典建築依然華麗，我沿著曲折小徑走，巷口的小黃狗沉睡著，幾隻小麻雀在燕尾脊上吱吱喳喳，那畫面很美麗，好像什麼都沒發生過，但眼前的美好卻是過去軍人用生命的句點所換來的一刻清幽。

在戰火無情的洗禮下，村子內的古厝群無一倖免，那些古宅的壁面上，留著過去的傷口，那一棟街角的古洋樓就是最好的例子。在戰火下，洋樓成為斷垣殘壁，是無情烽火下的見證者，替戰爭的殘酷歷史寫下了悲傷的一頁。金門人總提醒我，晚上別來古寧頭，這裡的陰氣很重——但我想，心中無鬼，就不怕走夜路。

1 經過轟炸後的北山洋樓已經成為斷垣殘壁，如今刻意保留當時的牆面，供遊客感受當時戰爭的氣氛。

用今天
換得明天

慈堤夕陽

斜日向晚，坐在慈堤旁，看著那太陽又打翻了金黃色彩，染上了原本蔚藍的天空；蒼白的雲定在天邊一角不願走，那風悄悄拂過了我的臉，擁抱了我身上的汗水，換得一身沁涼；腳邊的海水漸漸退去，露出了一片黑色潮間帶，一隻隻招潮蟹揮舞著雙手，彷彿在與今日的太陽告別。

隨著太陽緩緩落在彼岸的那端，海岸那頭的城市高樓，點起了繁華燈火；海岸這端的沙灘上，一根根反登陸樁「軌條砦」仍屹立不搖，彷彿宣告了即便是孤獨，也不會被打倒。夕色金門，同個場景中是否也發生過許多擁抱、離別的章節？一個人是否想起了誰的樣子？還是兩個人眼神交集、笑著、哭著都模糊的界線。在光良〈日落〉歌詞中寫道：「每個失去的昨天、一眨眼就是永別。」沉浸在白天與夜晚交棒的一瞬間，時間變得不多也不少，卻讓自己向自己又告別了一回。

1 夕陽時分的慈堤。
2 從慈堤向對岸望過去，就是中國。

景點位置：金門縣金寧鄉伯玉路一段 236 號
開放時間：09:00–18:00
洽詢電話：(08)232-3999

戰火歲月中淬煉的新生

金合利鋼刀

鐵可以成就一切，也可以毀了一切。在那個槍彈如雨下的年代，轟炸出金門的傷疤與歷史，當時的人們看見砲彈避之唯恐不及，但隨著時光改變，這些落在土地上的砲彈，一顆一顆地逐漸地被拔除。

金門特產有貢糖與菜刀，但為何菜刀會成為金門特產？故事要從這裡開始說起。

走進金合利鋼刀觀光工廠，鏘噹鏘噹的聲響伴隨鋼鐵的氣味傳來，一窗之隔的那側，幾位匠師額頭冒著汗，手裡拿著鉗子，把鐵片送進了機器中，鐵塊打在燒得火紅的鐵片上，發出了清脆的聲響，原來一把把菜刀就是這樣打出來的。但匠師們打的可不是普通的菜刀，而是砲彈刀。

過去金門砲彈如雨，二十年間撒下了超過一百萬顆鋼鐵砲彈，而這些降落在金門島上的砲彈現在僅剩外殼，已經毫無殺傷力。戰後，金合利鋼刀店當時的老闆發現這些砲彈別有用途，於是開始大量收購島上的廢棄彈殼，接著將這些彈殼切割成許多小塊，用以製作刀具，金門菜刀也因此誕生。

走進打鐵廠區，巨大的電風扇試圖吹散廠區內悶熱的空氣，卻徒勞無功。腳邊堆疊著一座一座的砲彈山，我戰戰兢兢地走過僅剩的一點通道空間，身邊也只剩下黑灰兩種色彩。無論視覺、嗅覺和聽覺，眼前的工作環境讓人感受到非常壓迫，卻是金合利鋼刀店老闆日日為伍，創造出一把把好菜刀的場域。

老闆特別拿了一顆砲彈，並現場裁成碎片，他說：「別小看這一個砲彈，一顆可以製成好幾把菜刀，最多可以產出六十把菜刀！」他隨即將這一個碎片送入煤炭爐，準備現場打一把菜刀給我看。鼓風機一催，火爐瞬間帶動了整個室內的溫度，每個人立刻汗如雨下。數十分鐘後，近千度的火候將鐵片燒得火紅，老闆以鉗子夾起，進行打鐵並「趁熱」加工。這工作一開始由年輕的徒弟先進行，進階的再由吳大哥接手。經過鍛造機反覆敲打的鋼塊，逐漸延展成一個薄片，菜刀的雛形也漸漸產生。接著送入裁切機，進行切割、塑形，切除多餘的形狀，使刀口平整後再次進入煤炭爐中冶煉一回；之後使用冷縮熱脹原理，馬上放進機油中冷卻，鋼刀會因此變得更硬。來回幾次後，再進行研磨及拋光，刀面就呈現出亮麗的色澤了。最後再加上刀柄，一把菜刀就在我眼前誕生了。

金合利鋼刀是金門唯一能現場實作菜刀的店家，這些使用八二三砲戰期間所留下的砲彈彈片製成的菜刀鋒利無比又耐用，也稱為「砲彈鋼刀」。由於菜刀相當具有紀念價值，許多過去曾在金門當兵的阿兵哥返台時，都會帶上幾把回去作紀念，也就讓菜刀成了金門特產了。

「因為辛苦，現在很少年輕人願意來學了。」老闆無奈地說。一個人功成名就靠的是努力與謙虛，我在吳老闆身上看見了這兩個優點。他接下了家傳的技術，承襲了金門菜刀的脈絡。雖然製刀環境非常刻苦，但那每一顆滴落的汗水都是老闆的耐力與堅持換來的，他的堅持，讓原本廢棄的彈殼，重新獲得新的生命，並在新的舞台上發光發熱。

1 一把把菜刀在師傅的手上誕生。
2 成堆的砲彈是我對金合利鋼刀觀光工廠的第一印象。
3 正在向遊客講解介紹砲彈鋼刀製程的老闆。

2

3

金沙

時光成就的真正老街

沙美老街

景點位置：金門縣金沙鎮復興街、博愛街等街區

創建於元朝末年的沙美老街，是金門最早形成的市街之一，早期匯集各路商人，店鋪林立、商業興盛，為金沙人生活的軸心。明朝時，金門的鹽產地大多集中在沙美，更造就了沙美老街最巔峰的時期。

午後走進沙美老街，陽光讓街市顯得特別乾淨、明亮。街尾的那隻小狗，在暖陽下睡得舒服，不知道夢到了什麼，嘴角微微上揚著。照不進光線的老市場，瀰漫著一股老舊的氣味，那些曾經在氣味中寫下的故事，也隨著小販的結束營業，消失地無影無蹤。街角對面的雜貨店，滿滿的商品一字排開，遲遲等待不到買家來相識；倒數第二間的理髮院裡，白髮蒼蒼的阿嬤正打著盹；曾是多少阿兵哥大排長龍的沙美戲院，熱鬧也已不再，殘破的大門、碎裂的玻璃窗，用寂靜填滿了每一寸空間。

這條曾經繁榮一時的沙美老街，歷經了戰爭的洗禮，卻敵不過時代的現實，街屋大多都已頹圮，僅剩少數還有人居住的老房存著一點生活痕跡，也存著老街的歷史價值。元代石板路、木造店厝及洋樓在沙美都還看得到，未經過現代化大幅改造的街景也保持著當時的原貌。時光雖然帶走了繁榮，卻也成就了沙美成為一條「真正的老街」。

1 一條真正的老街。
2 沙美老街最熱鬧的時候是早上時段，想感受最地道的沙美市場，就得趁早來。

1

2

3

1

4

2

逆時光的街景

陽翟老街

1 過去曾是阿兵哥大排長龍的金東電影院，如今人去樓空。
2 陽翟聚落的路牌斑駁得很有味道。
3 陽翟老街內還有許多非常傳統的店鋪，走在老街彷彿時光倒轉一般。
4 在老街內隨處可見這種頹圮的老屋，幾乎已經成為危樓了。

〉〉景點位置：金門縣金沙鎮陽翟 90 之 1 號

陽翟的「翟」字，音同「宅」。走進陽翟街道，戲院寫下了村子過往繁榮的風貌，聚落中的金東戲院是過去金門阿兵哥的娛樂場所，如今只剩下殘破的模樣，那電影院小小的售票窗口，已找不回當時金門阿兵哥大排長龍的景象，唯有戲院旁的群英樓成了喜筵會場，依然飄散著屬於金門的實在味道。

巷口轉角處的老郵局，是過去的「第一軍郵局」，上頭一個軍字刻寫下了外島軍郵的史頁，而隨著時代變遷，如今已經沒有軍郵系統。緊鄰郵局旁的攝影社，招牌充滿復古氣息，是過去阿兵哥拍攝證件照之處，原以為老店應該已經歇業，悄悄地往裡頭看去，沒想到還有在營業呢！繼續沿著街道走，街道雖然不長，卻充滿了過去居民生活的細節。那一張殘破的招牌上還寫著「龍陵浴室」，是村落中早期的公共浴室，昔日應該是大排長龍的景象，如今已經廢棄。我走進浴室內，那幽暗的空間，僅留下一排無人使用的生鏽空櫃，蓋滿了灰塵，屋內雜草叢生，讓人不勝唏噓。

街道上許多傳統的招牌依然存在，那些屋倒歪斜的廢棄老廟、荒棄的澡堂、破碎的屋瓦大門、早期的理容院等等，有點像是電影裡搭建的場景，讓人停下腳步想多看幾眼，快門也按個不停。

陽翟是擁有千年歷史的老聚落，在過去以發展鹽業立村，經歷過一段繁榮的歲月。八二三砲戰時期，陽翟成為軍事重鎮，許多主要以服務阿兵哥的設施紛紛設立，如澡堂、電影院、軍郵局、冰果室、攝影中心等等，讓陽翟頓時以不同的面貌熱鬧繁華了起來。後來，軍事精簡，阿兵哥逐漸減少，繁華就如潮水般退去，如今留下的只有當時的店家招牌與牆面上的軍事彩繪，見證了當時日常光陰。

1

2

老聚落的
時光密碼

山后民俗
文化村

1 山后海珠。
2 在聚落內可以找到許多村民生活的痕跡。
3 燕尾巷。

盛夏的豔陽總是高掛在金門天空的一角，用最熱情的溫度擁抱著每個遊客。我騎著車，沿著環島公路來到了金門最東邊的金沙鎮，穿過一條綠樹並列的小徑，來到了山后民宿文化村。拖著行李穿過了遊客爭相合照的牌坊下，進入到村內，村子的第一排，屋舍外張羅滿各式商品，成為一間間風格小鋪。那間老店外的大樹無法完全阻擋豔陽，店家只好打起了陽傘，賣著好吃的叭噗及冰涼的彈珠汽水來替遊客們消暑。我看著遊客們不斷喊著「好熱」，但拿到了冰，隨即露出滿足的笑顏，好像孩子一樣天真單純。

第一次拜訪金門，選擇下榻在山后民俗文化村內的民宿，原因很簡單，就是想體驗住在老房子的感受。山后聚落建於清光緒二十六年（一九〇〇年），主要分為頂堡、中堡及下堡，是金門第一個開放轉型成觀光景點的聚落。走進筆直的巷弄，一整面的紅磚地板顯得十分華麗；抬頭仰望，身旁十六棟二進式雙落古厝對稱工整，庭院中種滿了許多雞蛋花，淡淡的花香環繞著鼻息。每棟建築的馬背、山牆都有著小小的不同，顯露屋主權貴地位，而那燕尾曲線向上揚起指著天空，在藍天白雲襯托下展現了孤傲的姿態。

太原世第
福雅常臨積善家
文華
58

4

我踏上一階一階的小階梯，穿梭在聚落內，這樣的小階梯在過去有著步步高升的意涵；現在，旅人則可跟著時光的軌跡，一起步入聚落之中。幾個依然在聚落生活的老居民，仍保持一貫的生活風貌，他們告訴我，聚落的一角有間曾飄著書香的學堂——海珠堂，要我去看看。

穿過一段又一段的走廊，來到了海珠堂，這裡現在是村子的展示館，與旁邊的宗祠被稱為「山后中堡十八間」。我站在從學堂內往外望去，穿越門框後所見的那面東海，是太陽升起的方向，據說此處日升的風景被形容成「海上明珠」，相當美麗耀眼，即為海珠堂名稱之由來。我閉上雙眼，感受老宅內的氣息，過去那段朗誦詩詞的片段，已經隨著幽黑的木門，鎖在歷史中了。

山后聚落的老房全部依山面海、分三排排列，曾經閒置荒廢的空屋，隨著政策的改變，現在以個性小店及民宿活化經營，營造出村子愜意、雅緻的輪廓。我喜歡住在這樣傳統的聚落中，因為能好好感受過去古人將敬天思想運用在生活之中的巧思。

≈ 景點位置：金門縣金沙鎮山后村中堡

記得我，在末日之前

寒舍花

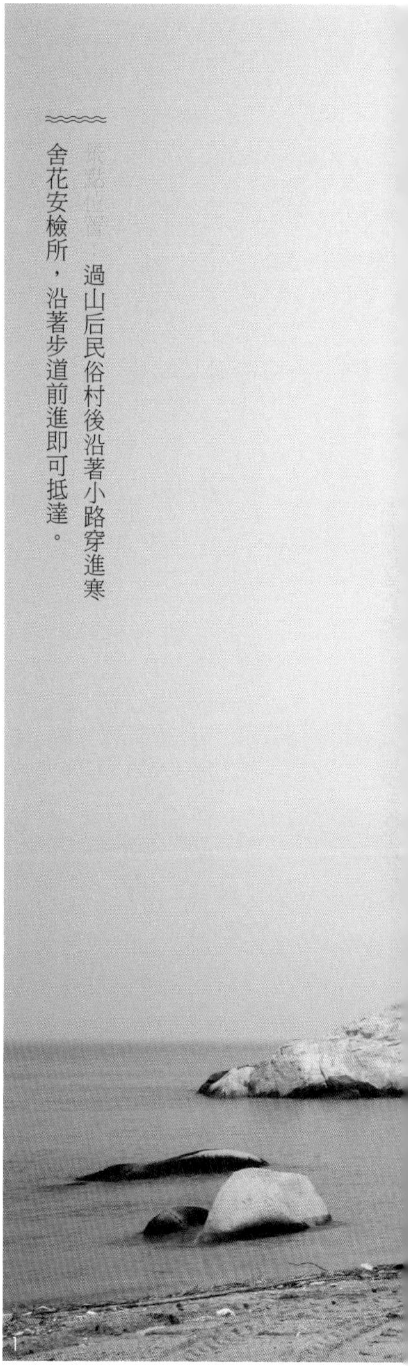

1 寒舍花少有人到訪，成了金門祕境之地。

景點位置：過山后民俗村後沿著小路穿進寒舍花安檢所，沿著步道前進即可抵達。

經過山后聚落，晨光穿透一整片木麻黃森林，遍地金黃的針葉灑落在小徑上，描繪出這條通往祕境之路的輪廓。來到了寒舍花，碉堡一座座並排，爬滿了盛開的海牽牛，讓碉堡原本黯淡的色彩，多了一些生機。我攀上長滿龍舌蘭的花崗巨石，一陣陣浪濤的怒吼在耳邊繚繞著。

位在山后民俗文化村附近的寒舍花，有人說是因礁岩上的巨石很像一朵花，因而得名，更有其他故事點綴，增加了其傳說色彩，地名由來眾說紛紜，誰也說不準。我走往矗立在懸崖上的哨點，坐在那口面向著許白灣的射口前，望出去就是無盡海洋，浪花一片片交織成一幅美麗風景，卻曾是阿兵哥持槍保衛國家未來、膽戰心驚的舞台，雖有日月星光與大海陪伴他們孤寂的軍旅生活，他們卻也無心好好欣賞這片風景吧。哨口上牆面的精神標誌依然存在，如今卻已無哪個他來相守。

逗留在金門地圖上遺忘的的海岬，四分衛〈起來〉歌詞中的那句「記得我，在末日來臨之前」忽然浮現在我腦海中。此時此刻，卻也無比應景。

鹽續、鹽敘

西園鹽場

景點位置：金門縣金沙鎮西園1號
開放時間：09:00–17:00，週一休館
洽詢電話：(08)235-5763

西園鹽場是金門目前僅存的鹽場遺址，尚未進入紛戰之年的金門，曾以鹽業發展帶動了當地的繁榮，過去居民以鹽為生，西園鹽場所生產的鹽更是供應兩岸所需，是當地相當重要的產業。隨著戰火停歇，擁有一千一百年的製鹽歷史也因此結束了一頁故事。

沿著筆直的木麻黃大道，車尚未進到西園鹽場，就可見路的兩旁都是廢棄的鹽場，舊稱「浯洲場」。目前已不曬鹽的鹽場，在一片荒蕪中顯得特別滄桑，也顛覆我對金門戰地的迷彩印象。金門的鹽業過去都是由居民自行生產，直到日軍進駐，改變了生產的方式，將舊有的西園鹽場規格改建為新式鹽田，讓產鹽更加有序也具規模。

既然西園鹽場已停止生產，那麼現在金門吃的鹽是哪裡來的呢？其實，目前金門所需的鹽都是由對岸的蓮河鹽場供應，而曾因虧損停業而荒廢的鹽廠舊辦公廳舍與鹽場，為了延續金門鹽業的故事，已整理開發成文化館，讓旅客能夠透過文字及圖片瞭解金門鹽業的故事。

1 西園鹽場前也有尊風獅爺。
2 「以場作家」。「㠯」為「以」的隸書寫法。

1

2

石蚵與炒泡麵

王阿婆小吃店

景點位置：金門縣金沙鎮山后民俗文化村 64 號
洽詢電話：(08)235-2388
營業時間：08:00-17:00

金門過去擁有上萬大軍，許多料理的誕生都是為了滿足軍人的需求，當時有阿兵哥建議當地店家，麵類料理可以使用炒泡麵製作比較快，讓上門的阿兵哥不用花太多時間久候，於是炒泡麵因此成為金門當地的特色料理。

來到金門島，許多販售炒泡麵的店家發展出不同的特色並持續改良，現在的炒泡麵比起過去豐盛許多，有的會加入蛋來拌炒，甚至有肉末、高麗菜絲、蔥花等配料，成就一道專屬金門的風味料理。

島上販售炒泡麵的店家非常多，我最喜歡的還是位於山后民俗文化村內的王阿婆小吃店，這是到山后聚落必吃的店鋪，最有名的單品為炒泡麵與石蚵湯雙組合。石蚵湯綜合了金門石蚵與海菜，滿溢出來的石蚵相當豪氣，這些都是從當地海岸線上挖取回來的野生石蚵，與我們一般市面上喝的蚵仔湯不太相同，石蚵體型較小，口感卻非常扎實，蚵仔煎也是不可錯過的料理。

1 阿婆炒泡麵是我每次到金門必訪的店家之一，除了湯品跟炒泡麵必吃之外，也很推薦金門高粱香腸！
2 炒泡麵搭配一碗紫菜海蚵湯最經典。

抹上浪漫的泉州白

睿友學校

午後來到金沙鎮碧山村，一棟刷上雪白氣質的建築特別吸引我的目光。這棟飽含優雅氣質的建築體，原來是金門早期的學校——睿友學校。

睿友學校成立於一九三四年間，由碧山鄉僑陳睿友先生提撥資金委託華僑陳德幸先生籌建。當時規劃學校設置有禮堂、教室、教師辦公室、教職員宿舍、運動場、升旗台、廚房、浴廁等等。建築正面仿西洋巴洛克建築形式，高大比例的山頭上放置了中華民國國旗圖樣，並用泥塑雕刻配上許多花草、人物、樂儀隊及鶴裝飾。門廊上採用黃色的瓷磚，拼出「睿友學校」字樣，讓人留下了深刻的印象。另外，從走廊、石柱、踏階到外觀，都採用講究的「泉州白」，這是一種淡水花崗岩，有不變質、日曬降溫快的特性，也因色澤高雅，物理性能穩定，被廣泛運用在室內外的裝飾以及

1 經典的紅色屋頂是睿友學校的特色。

2 睿友學校正面。

2

修飾。

學校二樓採用西式建築，建材搭配石、磚、花崗石及木材等構造。室內的木樑並列，採用自南洋運來的冰片木材，築構出傳統建築的線條美感；牆壁則是採用大陸特別訂製的紅磚砌成，使得整棟建築透風不透熱，冬暖夏涼，由此可見在建造上真的下了許多功夫。小小的睿友學校，卻有著與在地相當深的情感連結，目前學校內特意保留了許多木製桌椅和書籍，作為附近學童的小小圖書館，將這些傳統的美好建築工法，用新的經營方式保留下來。

景點位置：金門縣金沙鎮三山村碧山1號
洽詢電話：(08)235-2150

1

不再孤獨的視角

馬山三角堡

景點位置：金門縣金沙鎮馬山觀測站往西園鹽場方向路旁

金門有許多碉堡，像是烈嶼有可愛的鐵漢堡，而金沙鎮則有一座原名為「無敵堡」的馬山三角堡。從馬山觀測站往西園鹽場方向前進，會發現一座披上迷彩外衣的小碉堡，和「慈湖三角堡」一樣，屬於三角形堡壘。不過，它別於一般碉堡的軍綠色迷彩，披上了像乳牛花紋色調，獨樹一格，格外可愛。

馬山三角堡由花崗塊石疊砌構築，碉堡上設有瞭望哨與射口，堡頂則設有對空監視哨及機槍陣地，在過去為軍事防禦用途。碉堡給人的印象都較鋼硬、不易親近，為了消弭傳統的刻板印象，馬山三角堡在整建過程中將碉堡的意義重新定位，故事以柔性訴求呈現，並打造了一個觀景平台，讓遊客可以用故事的層面去認識碉堡，更可從碉堡感受過往軍人站哨、遠望馬山附近海域的孤獨視角。

1 馬山三角堡。
2 乳牛塗色的外牆，是馬山三角堡最經典的特色。
3 遠眺通往西園聚落的海堤，馬山周邊海域零汙染，風景相當壯麗。

3

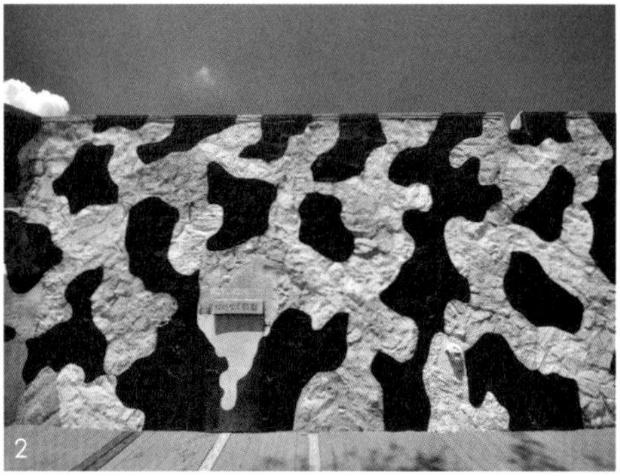
2

1

用步伐與口號
延續上一世代
的故事

獅山砲陣地

3

2

景點位置：金門縣金沙鎮陽沙路往山后聚落路上
開放時間：08:00-17:30
洽詢電話：(08)235-5697
砲操表演時段：10:00、11:00、13:30、14:30、15:30、16:30 共六場

距離金沙聚落不遠，這一座獅山砲陣地，以口號與步伐延續了當時征戰時期的記憶。過去金門一直是台灣的軍事重地，隨著戰事不再那麼緊繃，過去那些阿兵哥生活起居的陣地，也隨之開放讓遊客參觀，讓我們可以親身、親眼、親自感受過去軍旅的日常。

走進獅山砲陣地，迷彩的外牆上標示著「震東坑道」，顯示了肅穆的氣氛。繼續往隧道深處走去，幽暗的空間中，地下水滲透了岩壁，滴滴答答地沿著地面蔓延，微濕的空氣盛滿了緊張的氣息。全長約五百公尺的隧道曾是獅山二營區，更是台灣罕見的全坑道式榴砲陣地。經過主題規劃及環境整修，目前在隧道內展示著許多各式山砲及榴砲，將這些罕見的榴砲完整呈現在遊客面前。

繼續走進深處，坑道的盡頭為戰鬥室，也就是「砲操」上演的地點。隨著開放遊客進入參觀，園區更會在指定的時間內，特別安排演員在過去的軍事舞台上表演砲操。所謂的砲操，即是將「火砲射擊」的步驟編列成分解動作，再透過分解口號及動作，讓士兵熟記並且熟練。動作看起來雖然浮誇，但目的就是避免士兵在真正要上戰場時慌亂，套用機械化的固定動作，反而更能讓阿兵哥專注在步驟上。沒有當過兵的人看得新奇，當過砲兵的人更是懷念。

1 進入隧道口各式塗鴉令人印象深刻。
2 砲彈堆積起的牆。
3 砲陣地內用彩繪牆的方式繪製出砲操的經典步驟。

景點位置：金門縣金湖鎮正義里成功 7 號之 1
（金湖衛生所旁）
開放時間：08:30-17:30
洽詢電話：(08)232-4174

時代的使命

陳景蘭洋樓

1 陳景蘭洋樓正面。

歷史堆疊而起的金門島，是台灣各離島中風貌最多元的，在建築上，許多老宅歷經烽火與歲月的洗刷，散發令人著迷的韻味。

陳景蘭洋樓素有「金門第一洋樓」的稱號，在洋樓的入口處，還掛著「金門官兵休假中心」的字樣，訴說著洋樓多舛的命運。西園一八〇〇年八國聯軍攻打中國，許多學子因而無法赴京趕考，當時陳景蘭先生帶著返鄉興學的誓言、遠赴南洋發展，經過多年努力，終於回到金門，在金門購地並請廈門匠師共同興築，歷經四年多的工程，終於於一九二一年完成了眼前的這幢美麗的洋樓學校。

尚未走進陳景蘭洋樓，就被洋樓前綠意盎然的大榕樹吸引住目光，沿著洋樓方向看去，雪白的洋樓立面以及一個又一個的拱門，成就了我對陳景蘭洋樓的第一印象。洋樓正面每層各有七座拱門，左右兩側則是每樓層各九座拱門，整棟加總起來共有五十個拱門，這數量在金門洋樓群中是數一數二的，亦是陳景蘭洋樓氣度的展現。

沿著走馬樓前進，回頭一望，剛剛那棵大樹被框在拱門中搖曳，而背景已換成了金湯公園與蔚藍的料羅灣。

日治時期時，陳景蘭洋樓曾經改為「野戰醫院」；而金門防衛司令部也曾在洋樓成立「官兵休假中心」，如今洋樓內部已經改為展覽館，展示金門歷史常設展，外廊展示金門風情的攝影作品，二樓則設置成座位區，提供咖啡、飲品。因應時代需求、狀況不同，陳景蘭洋樓改變過許多用途。在不同時代身負不同的使命，而當年那個創建洋樓的主人陳景蘭先生，卻因戰爭的影響，再也無法返回故鄉金門了。

2

望海吹風
的日子

復國墩

景點位置：金門縣金湖鎮四維路走到底後，可看見阿芬海產店，沿著指標即可抵達。

午後騎著車，從八二三砲彈戰史館沿著環島公路來到了復國墩，雖然沿線都看見了指標，卻始終遍尋不著進入漁港的入口；原來過營房後得走下坡，才能見到這神祕的「復國墩漁港」。名字十分陽剛的復國墩漁港，與我想像得有些不同，過去復國墩是一座半島型礁石海岸，後來搭建了橋樑，將此島與金門連接起來，成了漁港，更是金門本島第二大船筏聚集地。

金門當地有許多舊有的地名，因軍事關係而改名。尚未進入烽火年代的復國墩，原名為「蚵殼墩」，顧名思義是個堆積了大量蚵殼的地方，但其實此處卻不生產蚵。後來經過考古學家研究，那些貝殼存在的年代距今已有七、八千年，為「貝塚遺址」，因此近年正式定名為「復國墩文化」。

走在曲折蜿蜒的步道上，燕鷗在藍天上成群飛翔，而腳下的浪花好像想告訴我什麼似的，不斷地呢喃。我計算著那散落在海上的黃色花崗岩，微濕的輪廓像是在哭啼，讓我有了更深的想像空間。我努力地揣摩著它們的心事，最後決定，還是不要過於沉溺那些意義了。

港邊幾乎見不到其他人影，走到步道終點，往海岸望去，陣陣海風吹起一片片浪花，絢爛也叫人沉溺。一座矗立在海島上的燈塔，靜靜地在浪花的彼岸發著訊號，那座始終無法觸及的北碇島，上頭的日子是否還安好呢？

1 寧靜的復國墩漁港。

2 北碇島距離復國墩約有四．七公里，目前仍然為軍事重地，並不開放遊客參觀，而島上有一座北碇島燈塔，由英國設計師所設計，並於一八八二年啟用，天氣晴朗時，在復國墩就可以用肉眼看見島上的風景線。

用勇敢開啟勝利未來

八達樓子與勝利門

景點位置：金門縣烈嶼鄉九井路與八青路口

1 八二三砲戰勝利紀念碑以砲彈造型建立在烈嶼島上。

當初八二三砲戰時，共軍在這個不到十五平方公里的烈嶼島上投下數萬發砲彈，幾乎炸翻整個島嶼。生活在金門的居民，日日過著不平靜的日子。戰爭時期，長城部隊進駐烈嶼，戍守古北口的一班步兵為掩護長城部隊轉進，誓死固守、堅決抵抗，並成功殲滅敵軍數高達百人——這一班步兵，僅有七人，在完成任務後卻因敵眾我寡，全部壯烈犧牲。

為緬懷抗日時期為長城部隊轉進斷後犧牲的七位勇士，並達到激勵軍心的功用，政府特地在西宅村前闢建一座仿間長城、城堡式的二層樓建築「八達樓子」，於四方圍繞「獨立作戰」、「自立更生」、「堅持到底」、「必勝必成」等字樣，更特別在上頭塑造了七勇士雕像，以持槍、手榴彈等作戰狀態分據四方。

繼續沿著道路直行，不遠處有一道白色拱門，上頭高掛「勝利門」三個字。而穿越拱門之後，一顆巨大的砲彈矗立眼前，這是八二三砲彈勝利紀念碑。八達樓子、勝利門與八二三砲戰勝利紀念碑都是小金門著名的地標，用來警醒世人戰爭的無情與無奈。生活在現代、沒有經歷過戰爭的我們，在此遙想那個砲彈如雨下的年代，居民是如何日日過著惶恐的生活；但當時的人們也用無可限量的勇氣，爭取了現在的和平生活。

餘暉下，孤傲的守護者

雙口沙灘

景點位置：金門縣烈嶼鄉雙口村

遊走在烈嶼島上，綿延的金黃沙灘構成最美的海岸線，潔白的沙子反射著陽光的溫柔，可這座本該純淨的雙口沙灘上，卻插滿了上百根「針」。

這一根根插在沙灘上的針，將過去滄桑的歷史定格在此地，這些綿延在海灘上的「軌條砦」看起來格外突兀，在當時主要為軍事阻絕措施，也稱為「反登陸樁」，在金門與烈嶼兩島的海岸線很常見。軌條砦主要以混凝土方當底座，並呈現四十五度的斜角姿態，沿著敵人可能搶灘登陸的海岸線布防，埋下伏筆，目的是為了防止漲潮時，敵對的船艇靠岸登陸。

隨著戰爭畫上休止符，這些軌條砦仍用孤傲的姿態佇立在金門的海岸線上，儘管海水鏽蝕、貝類附著，卻始終沒有被拔除，它們就像是過去堅守金門的軍人，持續守護著金門的下個世代。

1 軌條砦攀附了許多貝類，一不小心會很容易被割傷，靠近時要格外小心。

尋找地圖上沒有的風獅爺

1

4

3

2

金門留給我的印象，是從華麗的聚落建築及「風獅爺」開始的。

其實風獅爺並不是金門獨有的文化，從日本沖繩到閩南、粵東、台灣安平等地區，都可以看到風獅爺的蹤影，只不過金門的風獅爺最讓人印象深刻。風獅爺大多都設立門上或屋頂、村落的高台明顯區域，主要是用來替村落避邪化煞。根據縣政府統計，金門境內的風獅爺有登錄的共有六十八尊，而實際探尋每一尊風獅爺後，你會發現，祂們就像人一樣，有著不同姿態與面貌。

風獅爺的造型其實非常多變，會因地區氣候及製作當時的情況而有不同的形態，像是金門安岐聚落的風獅爺高達三百八十五公分，是金門最大的；相反的，最小的東珩風獅爺只有三十公分。而匠師的刻工技巧也是關鍵，有的風獅爺看起來精緻、有的粗糙。其中，讓我印象最深刻的就是上過電視廣告的「瓊林風獅爺」，擁有高大的身形、繫上披風的祂看起來非常帥氣，也是許多遊客到金門會朝聖的地標之一。

來到金門，尋找風獅爺是最大的樂趣，大型的風獅爺大都已被標註在旅行地圖上，但許多隱藏版小風獅爺則需要透過當地居民的指引，才能一見其神祕蹤影。如水頭聚落中，民宿老闆娘曾帶我去找尋藏在牆壁中的風獅爺，雖然很小，也與牆面融為一體，但確實可以看見風獅爺的形貌。而有的風獅爺則是藏在屋頂上，跟遊客玩躲貓貓，但隨著你又發現一隻地圖上沒有的風獅爺時，就好像找到珍寶似的，會開心很久很久。

1 瓊林風獅爺因姿態帥氣，許多關於金門的廣告中都可以看見祂的身影，也是金門最具代表性的風獅爺。
2 風獅爺為鎮風辟邪之物，在金門是非常重要的守護神，居民也會因風獅爺的個性而獻上不同的祭品。湖下風獅爺嘴中被填滿了糖果，是極愛吃糖的一尊風獅爺。
3 夏墅風獅爺坐落在別墅前，也因為外型為藍色，有人稱之為「哆啦Ａ夢風獅爺」。通常村落旁的風獅爺都較為大尊，屬於聚落風獅爺，也時常受居民照料打理，大多都保存得較為完整。
4 官裡風獅爺則擁有可愛的項鍊及飽和的水藍色外型，給人的感覺相當華麗。

03
Chapter

馬祖・放下懸浮的思念，像風一樣灑脫

有沒有一個場景會讓你想起屬於一個人的孤獨？曾經是一線軍事戰地的馬祖，島上的道路沒有都市那種深色的柏油路，只有濃厚迷彩氣息流竄於周遭。台馬輪載著一個個年輕的面孔，航行在這令人失眠的海面上，望向這座與世隔絕之島，來到這裡，所有的自由都只能暫時上鎖，而思念只能透過一筆一畫，在日記本上滑過無盡的思愁。

馬祖
Chapter 03 Matsu
許傑帶路
其他景點
僑仔聚落(P.136)
芹壁聚落
(P.140)
北竿
戰爭和平紀念館(P.142)
北竿
白沙港
(P.124)
阿婆魚麵(P.144)
壁山觀景台(P.138)
坂里沙灘
國之北疆(P.156)
靜伏鱷魚
海現龍闕
三山據點
一線天(P.154)
烈女義坑(P.152)
東引
中柱感恩亭
東引馬祖酒廠
安東坑道
(P.160)
東湧燈塔
(P.158)
燕秀潮音

東引燈塔

介壽市場

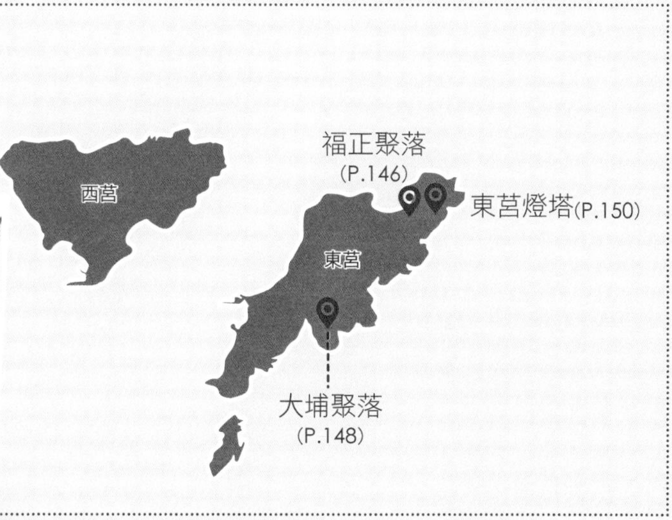
西莒
東莒
福正聚落
(P.146)
東莒燈塔(P.150)
大埔聚落
(P.148)

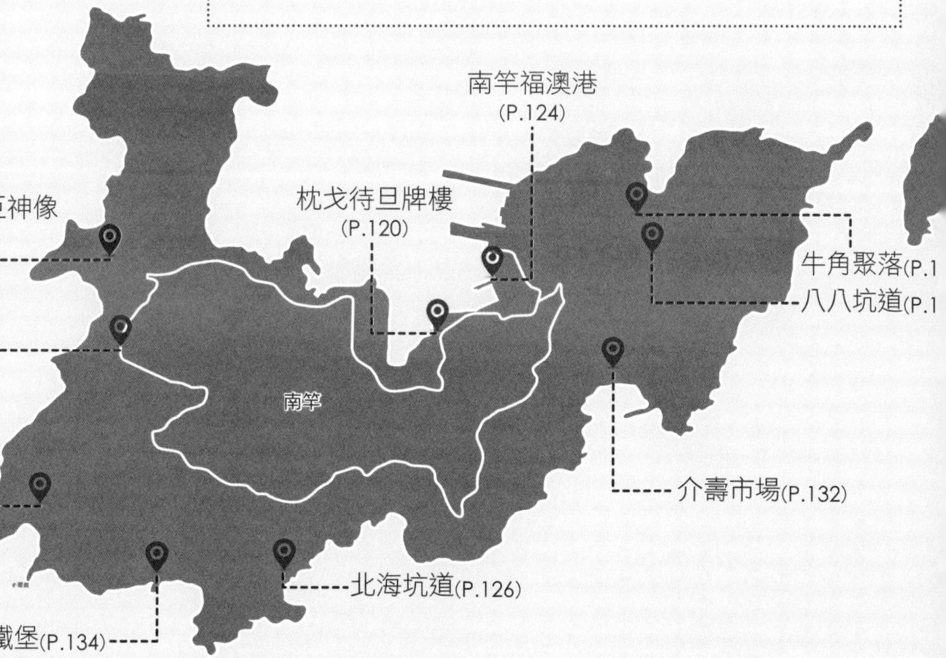
南竿福澳港
(P.124)
媽祖巨神像
枕戈待旦牌樓
(P.120)
牛角聚落(P.1
八八坑道(P.1
馬港天后宮
(P.128)
南竿
津沙聚落
(P.130)
介壽市場(P.132)
北海坑道(P.126)
鐵堡(P.134)

枕上的我，好想你

枕戈待旦

1 馬祖的「枕戈待旦」與金門太武山上的「毋忘在莒」共享盛名。

1

回想起當年那封兵單的到來，喚著我「是時候該為國家履行義務了」，當時抽籤的心情的忐忑掙扎，至今依舊難忘。

時光推回到聽爺爺口述的年代，他說著，當年大家最害怕的就是抽到俗稱「金馬獎」的戰地前線：馬祖與金門，因為那一去得好久才能回來，且到離島，地點偏遠又氣候難熬，每個人都是千萬個不願意。但抽到了，又能如何呢？

對照起爺爺那個時代，我們真的已經很幸福了。

初次從基隆搭乘台馬輪，於夜間航向了通往馬祖南竿的偉大航道，看著星光閃爍，月光映照著無盡遼闊的海，涼爽的風讓人好清醒。幾個軍人也和我一樣逗留在甲板上，他們是否和我一樣也是守著眼前的風景？從深鎖的眉頭中，我試圖解讀他們心情的矛盾。

回到床艙內，狹小的空間僅能容納一個人的夢鄉，每一個床鋪上都是滿載期盼而失眠的遊客，而那些收假軍人是否也在這夜航中感到惆悵而失眠呢？漫夜的航行使人疲倦，在太陽爬出海平面後，船班終於駛進了馬祖南竿的福澳港，廣播響起靠岸通知，船上也開始一陣騷動。旅人在夢中醒了，而那些軍人也抱著忐忑的心情，醒了。

我站在甲板上遠望，港邊外的山巔之上，白底紅字寫著「枕戈待旦」四個字，勾勒出旅客與軍人兩個心情世界的分界。有立志殺敵、枕著武器睡覺等天亮含義的枕戈待旦，警醒著軍人時時刻刻都得有作戰的準備，也宣示著甲板上的每個軍人，無論你現在想著誰，無論你有多孤寂，留下了多少不甘願的眼淚，只要踏上這座島，都只能放下一切，為國家效忠。

≈ 景點位置：連江縣南竿鄉福澳村139號

1

沉著歲月的老酒香

八八坑道

1 八八坑道像是一座可穿越時空的隧道，用時光慢慢孕育出一瓶瓶好酒，用酒香的魅力在餐桌上稱霸，引領馬祖走向世界的舞台。
2 八八坑道旁就是馬祖酒廠，在這裡有許多馬祖酒品可以試飲及購買。
3 八八坑道入口處擺放了許多老酒甕裝飾。

開放時間：08:40–11:30、13:40–17:00
景點位置：連江縣南竿鄉復興村 208 號（此地址為馬祖酒廠，坑道就位於酒廠旁）

如果把「金門高粱」的溫順口感比喻成一個溫柔女子，那麼「馬祖高粱」就是一個剛烈的男人。馬祖老酒在口中散發出的酒香，猶如男人隨著歲月沉澱所產生的成熟韻味。

金門的高粱飄香全亞洲，而馬祖所產的「馬祖高粱」，也是馬祖人家家必備的單品，天冷時常拿出來潤喉、暖身。早年爭戰期間軍情緊繃，國軍長年進駐馬祖島上，更以半人工方式挖鑿出許多軍事用途的「地底隧道」，如八八坑道、安東坑道、北海坑道……等。由於花崗岩構成的隧道十分堅硬，非常適合作為軍方戰備用途，但隨著軍情和緩的現代，大部分地下坑道的戰事功用也隨之淡化。

八八坑道曾在軍管時期充當馬祖的電信局及電信機房，重新整理後已成為醞釀馬祖高粱的酒廠窖，藏著許多老酒與高粱酒，日日飄出令人微醺的酒香，相關酒品因為電視廣告的播出，著實打響了馬祖酒品的知名度，讓我印象深刻，更有「馬祖等於八八坑道」的既定印象。

八八坑道全長兩百公尺，隧道完成於先總統蔣公「八十八歲」誕辰，利用隧道長年溫度保持在攝氏十五至二十度間的恆溫作用，在主通道放置罈裝老酒，並在整個隧道內裝置復古的酒甕，讓人都還沒靠近到坑道口，就可聞到濃濃酒香味，連心也微醺了。

1 觀看燕鷗時請遵守相關規定，以免破壞生態。

蒼海上的神話之鳥

黑嘴端鳳頭燕鷗

搭乘地點：南竿福澳港或北竿白沙港

搭乘時間：每年七至八月視天候及海象狀況出航，每次航行時間約一個半小時。詳細行程內容可至馬祖國家風景區查詢

官方網站：https://www.matsu-nsa.gov.tw

早期因軍事需要，馬祖列島中不適合人居住的島嶼長年被國軍使用，在一九九二年解除戰地政務後，這些島嶼回歸自然，因為人煙干擾少，在環境維持得相當好的條件情況下，成為海鳥繁殖的處所。燕鷗是馬祖獨有的自然景觀。近年有「海上看東引」的相關推廣活動，帶領遊客到東引外海看東引島並賞燕鷗，而南竿也接力推出了「海上看馬祖」的賞鷗船，帶領遊客從南竿出發，一路往北竿前進，最後來到了「中島燕鷗保護區」找尋神話之鳥——黑嘴端鳳頭燕鷗的蹤跡。

搭上了活動快艇，一路飄搖在蔚藍的馬祖外海，從海上觀賞了南竿島，一路往北竿前進之後，繞行望見芹壁聚落、橋仔村等北竿著名的景點……約四十分鐘的航程，我們擦肩而過了大坵島，來到了中島。船班才剛靠近中島，便聽見上千隻的燕鷗嘰嘰喳喳地聊著天，不絕於耳的喧嘩，熱鬧極了。

中島是馬祖地區無人居住的島礁之一，島礁面積很小，卻棲息著上千隻的燕鷗，以黑尾鷗為最大量之族群，此外還有大鳳頭燕鷗、黑嘴端鳳頭燕鷗等等，一起和睦地在中島上共存。燕鷗為季節性候鳥，在中島上有渡冬的族群、過境的族群，也有繁殖的族群。夏末正好是小燕鷗學飛的季節，中島的燕鷗不時會集體乘風高飛，上千隻的燕鷗起飛時，那場面實在非常壯觀且震撼！

來到中島，幸運的話還能遇見全世界僅剩不到五十隻的神話之鳥——黑嘴端鳳頭燕鷗的蹤跡，在鳥類紅皮書中，黑嘴端鳳頭燕鷗已被列為「有瀕臨絕種危險」等級，也因此，船班只能在遠遠的海上欣賞，若是貿然靠岸或登島，是會受到重罰的。而想拍攝神話之鳥的朋友，需要特別精心挑選攝影器材，使用一般相機或是手機是很難近距離拍攝到燕鷗的，專業級攝影玩家不妨帶上焦段較長的望遠鏡頭前來，以免因為獵取不到心中理想的畫面而扼腕。

1 北海坑道長六百四十公尺、步道全長七百公尺，走完一圈約需三十分鐘，但要配合潮汐的漲退，僅在退潮時才開放遊客進入。
2-3 北海坑道內設置了許多模型，展現出當時阿兵哥在隧道裡的情況。

微光中的閃閃希望

北海坑道

1

3

2

因攝影師拍下了一張張奇幻的藍眼淚景觀，吸引了大量旅客慕名前來馬祖。其實，想親眼見到藍眼淚最主要還是得看運氣，而若想有更近距離的接觸，北海坑道就是最佳的場所。

來到充滿迷彩風味的馬祖，四鄉五島各有著不同的前線特有氛圍，讓人感受爭戰時的肅穆氣息。位於南竿的北海坑道，當時因戰略所需而有「北海計畫」，以人工方式開鑿了許多地道，位於鐵板海岸線上的北海坑道因此而生。當時沒有現代如此先進的挖隧道技術，只能利用爆破方式炸開巨石，再靠人工方式一點一滴地開鑿。最後歷經八百二十個工作天，完成了這條可供百餘艘登陸小艇使用的北海坑道。

呈現井字形交錯的北海坑道隱身在山腹之中，但要進入隧道得先配合潮汐漲退。近年更發現北海坑道內有藍眼淚的蹤跡，當地便規劃讓遊客體驗搭乘馬祖特有的傳統漁船，用搖櫓的方式進入這條神祕的通道。

進入隧道後，地下水沿著石縫滴滴答答，地上濕了一片又一片，潤澤的空氣、幽暗的空間，讓旅人的瞳孔因光線不足而更為敏銳。來到隧道底層，排隊等候的同時，可細看救生簡報與隧道的歷史介紹，最後跟著工作人員腳步來到來渡船頭邊，搭上馬祖特有的傳統漁船，搖搖晃晃地駛入隧道中。小船會沿著井字型的隧道繞行一圈，大約二十多分鐘，船夫搖著船槳，在沒有光線的坑道裡摸黑前進。當瞳孔還在適應漆黑之際，船槳一個波動，讓水面產生了點點藍色的亮光，瞬間驚豔了船上的每個人，這就是「藍眼淚」，近得彷彿伸手可及。

只要搭上小船進入隧道，就能夠近距離欣賞藍眼淚奇觀，讓慕名而來的旅客再也無需在夜晚的海邊吹風、淋雨，殷殷期盼藍眼淚奇蹟般出現。我想，這樣美麗的發展，也是當時開鑿北海坑道的軍人們始料未及的吧？

1

裊裊香火下的夜色

馬港天后宮

景點位置：連江縣南竿鄉馬祖村

小時候常常聽聞家人要去廟宇求事，當時年少懵懂，對於台灣廟宇文化與典故實在興趣缺缺，直到長大後想法逐漸轉變，才發現廟宇不僅僅是信仰的集散地，所形成的種種文化更是與人們的生活緊密相連。

南竿舊稱「南竿塘」、「馬祖島」，是馬祖列島中面積最大、人口最多的行政區。位於馬港南竿的天后宮，更是馬祖地區香火最鼎盛的一間廟宇。

「馬港」指的其實就是「馬祖港」，為了覓食，我在傍晚時分來到

1 馬港天后宮一旁緊鄰沙灘，但沙灘上停著的多為船艦，船艦堅挺的印象與上頭的媽祖雕像溫柔的神情形成一種衝突的感覺。
2 據說媽祖的靈體就埋在馬港天后宮內。
3 馬港天后宮內的雕刻非常精細，每一面作品都展示著不同故事，也展現著匠師的手藝。

這裡，當地人說的「夜市」原來與我想像中的不同，比較像是商店街形式，卻也沒有預期中熱鬧。沿著馬港街道走到底，紅燈籠高高掛，馬港天后宮的光芒令人感到溫暖，但入夜後的廟前廣場已無香客的蹤影。

根據傳說，宋朝林默娘因投海營救父兄而不幸遇難，她的遺體隨海漂流至南竿島附近，被漁民打撈上岸，並感佩其孝心，將她葬在海岸邊，南竿後來因而被稱為「媽祖島」，也就是馬祖地名的由來，媽祖也因此成為當地居民最重要的信仰。

馬港天后宮採宮廷式建築風格，歷經多次整建，數年來香客用信仰薰陶了廟中的每一寸空間，把心寄託在爐內的縷縷香火，而手指被香所染紅的那一小截，彷彿是神明與人民之間烙下的約定。

關一扇門，也開了一扇窗

津沙聚落

春日傍晚，天空泛著紫色調的夢幻色彩，難得這天沒有濃霧，太陽緩緩掉落入海中的景象清晰可見，我坐在津沙聚落的堤防邊，看著眼前美好的一刻。津沙原名「金沙」，因聚落旁的海灘為馬祖少見的金色沙灘，當夕陽西下時，陽光落在沙灘形成的閃爍十分動人，成就津沙的美名；但深藏在馬祖南竿島後的津沙聚落，那花崗岩砌成的石屋，卻在這美好的夕色中憂鬱著。

走在曾因捕魚而致富、馬祖列島中人口最多的漁村中，一幢一幢的閩東式古厝外牆爬滿薜荔，街道慢慢覆上夜的幽黑，人字切的屋頂上也掛上淺淺的星光。夜色朦朧中的木窗與木門是這樣安好，卻塵封了以往的熱鬧與繁榮。走在聚落，陣陣飯菜香氣撲鼻而來，屋裡一句「快來吃飯了！」彷彿喚著我坐上餐桌。從香氣中，我猜想著今天餐桌上擺滿了什麼樣的佳餚？是否有一盤馬祖魚麵？還是一塊塊裹著紅色外衣的紅糟肉？那年豐收而回的喜悅是否還在餐桌持續上演？斟滿盼望的老酒，是否都已隨著後期漁業沒落已經成為記憶了？怎麼能？

津沙聚落同樣是馬祖人口外流相當嚴重的村子，但近年隨著馬祖開放、發展起觀光，成就了津沙新時代的生機。津沙旁的沙灘平緩、純淨，是馬祖欣賞藍眼淚及踩星沙的聖地，而因應觀光需求，聚落內的閩東式老房也開啟大門，轉型成背包客棧、民宿，讓旅人用時間來感受老馬祖的過往生活。雖然這裡的繁華已隨流水逝去，但璀璨的夕色依然日日上演，隨著觀光開啟，新的風貌會替這個盼著未來的聚落，留下新的足跡。

1

3

2

1 古色古香的聚落走廊。
2 津沙聚落裡沒有太多的人煙與嘈雜，空氣中只剩下海洋的鹹味與風嘯聲，深深感受到聚落沒落後的滄桑感。
3 津沙天后宮是南竿鄉三大天后宮之一，也是津沙村的信仰中心。津沙的古天后宮已不存在，目前的津沙天后宮是光復以後改建而成，特別的是，廟內供奉的是南竿唯一的「黑面媽祖」，不同於鐵板與馬港天后宮的粉面媽祖神像。

95 度沸騰的人情味

介壽市場

旅行中最美的風景，是人。走一趟當地的市場，更能夠深刻感受到當地熱情的人情味、生活文化及飲食溫度。

每日清晨，小販及漁民就會開始在介壽市場內擺攤，隨著人潮聚集越發熱鬧。介壽市場是馬祖目前僅存的傳統市場，能品嚐非常道地的馬祖特色小吃及新鮮海鮮，除了是居民採買食材的集結地外，也是一個少有遊客觸及的隱藏版市場。

介壽市場鄰近港口與蔬菜菜園，許多新鮮的海產及蔬菜都可以在這裡買到。市場外以自採零售的海鮮為主，可見到許多少見的貝類如佛手、淡菜、海瓜子等等。由於有太多貝類海鮮及魚種我實在沒見過，所以一直好奇地探頭探腦，拿著相機拍下這一切，但即便只是單純看看，小販們仍相當熱情，對於拍照也十分歡迎。市場內，攤販沿著道路一字排開，熱情地吆喝著路過的人們，大力推銷著自家販售的商品，有鼎邊糊、繼光餅、蚵餅、魚麵、燕餃湯等等，以香氣吸引饕客前來。每個攤位自成一格，像是一個一個的生活觀景窗，展現著各自的魅力與故事，像是菜販的蔬菜陳設通常比較低調內斂，肉攤較為豪放大氣，而賣乾貨區的店員則是精於計算空間及色彩；因為每一個攤販的擺攤空間有限，得好好發揮空間的最大價值，又擺得要整齊又要漂亮，形成了一種獨特的「市場美學」。

想一窺在地人情濃厚的介壽市場？記得在早上八點左右來訪，太晚就收攤囉！

市場位置：連江縣南竿鄉介壽村
早市時間：06:00-10:00

1 鍋蓋裡飄逸出來的，都是市場裡的生活香氣。
2、3 馬祖特有的鹼粽造型特別，外型尖長，烹飪方式如南部粽，都是用煮的，內容除了糯米之外，配料只有花生，單純的美味讓我難忘！

1

星空下的藍眼淚

鐵堡藍眼淚

觀賞地點：連江縣南竿鄉鐵堡
出現時間：視天候狀況，在四月到九月期間機率最高。

馬祖的藍眼淚讓許多人慕名而來，卻也讓很多人撲了幾次空、留下不甘的眼淚，我也是。

春末，是藍眼淚最常爆發的季節，我因此再度回到馬祖，每天起床的第一件事就是先問當地人今日海面的情況，但當地人總告訴我，看藍眼淚需要天時與地利結合，要我放寬心、耐心等。旅程第三天的早上，總算得到了海面上出現可能性非常大的情報。於是入夜後，我再次前往南竿拍攝藍

2

眼淚著名的聖地「鐵堡」，等待藍眼淚的出現。

白天氣氛肅穆的鐵堡，入夜後毫無光害，天上掛了一條銀河，將氣氛烘托地十分浪漫，也因此成為賞星與看藍眼淚的好所在。沿著階梯步上鐵堡觀景台，大家在黑暗中張大雙眼，仔細探望，隨著瞳孔逐漸適應，海面上出現確實出現了點點藍光，「是藍眼淚！是藍眼淚！」，我深怕看錯，使力揉了揉眼睛——沒錯，在浪花中時而出現、時而消失的，就是傳說中的藍眼淚。在滄海之中所發出的藍眼淚光芒非常微弱，卻讓人感動不已。這一回的旅程，終於讓我在人生夢想的旅行清單上，替馬祖打上了一個勾。

1 鐵堡是馬祖觀看藍眼淚的著名景點。
2 因為鐵堡光害少，天上的星星彷彿觸手可及。

傳說中的神仙村

橋仔聚落

隱身在北竿角落的橋仔聚落，是馬祖地區典型的漁村，更是北竿本島距離大陸福建最近的村落。橋仔的「仔」在福州話中是小的意思，雖然聚落小，卻是馬祖知名的「傳說聚落」。

有天然港灣的地方就會形成聚落，有聚落就會形成貿易及商圈。橋仔聚落因為地形風貌，形成一處自然港口，是早年北竿往返大陸的轉口港，早期村內的商業活動頻繁、漁業鼎盛，曾是北竿人口最多

1

的村落。這裡的每一間廟宇面向的方向都是大海，早期廟口前亦曾經是連接中國貿易的小港，如今貿易不在，僅殘存階梯及平台，成了旅人吹風看海的所在。

橋仔聚落因為雨量豐沛，雨水與地下水從山谷流下，匯流成小河，導致村裡的小橋流水非常多，因此得名。午後，走進橋仔聚落，陽光灑落在廟宇那一面封火山牆上，藍天與紅牆的豔麗對比，勾勒出了我對村子的第一印象。目前居住在村內的人口剩下不多，僅有七戶人家、不到一百位的居民，但村子內卻有八間廟，供奉著一百八十八尊神像，這些神像大多都是流浪的神明，是當地村民撿到後，請回來在村子供奉的，也因此讓這裡有了「神仙村」的美稱。

雖然村子人口稀少，也不是典型的觀光漁村，但村內的人很有心，設置了一座「漁業展示館」，展示早年馬祖地區的捕魚方式及漁具，還有部分的馬祖燕鷗生態及文化，並派有導覽人員駐守，定時定點免費為遊客解說，成為旅客到馬祖旅行時的知識庫。雖然過往的風華已隱去，但留下的那些生活痕跡卻隨著時間慢慢推移，讓橋仔漁村在下一個時代更為雋永。

2

3

1 橋仔聚落是距離中國福建最近的聚落。
2 展示館外有一組很特別的水池造景，上頭的魚是很稀有的深海魚「黃唇魚」這種魚富含膠元蛋白，內臟更是中藥製材，也是村內裝置藝術的魚種之一。
3 馬祖列島的各式燕鷗在橋仔漁村展示館內的可以認識到，甚至有模型可以完整欣賞。

1

2

登上馬祖
第一高山

壁山
觀景台

馬祖是座綿延的小島，這裡最高的山名為「壁山」，雖然有馬祖「第一高峰」的美稱，但標高卻僅有兩百九十八公尺。在當地人描述中，只要上了壁山，就可眺望北竿機場、塘岐村、后沃甚至遠方無人島的大坵、小坵等地區，天氣晴朗時，視野非常遼闊，更可看見飛機在北竿機場起降的動態。

從腦海裡想像著從馬祖第一高山上眺望的美景，讓我一直嚮往著壁山。但前後拜訪了三次，頭兩次都撲了空，原來北竿地區在春季容易產生地形霧，山下雖然沒有飄雨，上了山卻籠罩在霧裡，什麼樣的景象都看不到。直到第三次上壁山，終於是晴朗無雲之日，眼前的風景就如當地人所描繪的那樣，濱海之上的北竿機場，飛機變得很像樂高模型，而熱鬧的塘岐村也在我的腳下，壯觀而遼闊的景色讓人難以忘懷。

3

1 壁山上碉堡林立、隨處可見軍營，最高點為指揮部北竿防禦核心，是馬祖列島的軍事重地。到此參觀時，切記嚴禁向營區進行攝影，以免發生糾紛。
2 北竿機場。
3 壁山可以騎車直上，但對於喜歡健行的人來說更是個很棒的體驗，可利用芹壁及塘岐兩條步道登山而上，稱為四百階及五百階。步道沒有太多高難度的坡段，莫二十分鐘即可登頂，路線相當適合登山初學者的體驗，登上後，山腰處設置有觀景台，視野相當開闊。

冬天過了
還是會有春天

芹壁聚落

搭著巴士，車窗外飄著雨水點點，沾滿了眼前的玻璃面，踏上春日的馬祖，朵朵低層雲霧籠罩，像是蓋著面紗的羞澀少女，看不清更顯浪漫。來到了芹壁村，黃的、褐的、灰的、白的、墨綠的，眼前的風景被雲霧遮得只剩下幾個顏色，雨天讓整個芹壁村的色調更顯淡薄。

我跟著芹壁聚落中的石磚階梯緩緩上行，階梯角落那一株小草努力地想出頭，在這充滿灰色磚瓦的聚落之中展現出生機。一幢幢的石屋在雲霧中若隱若現，雨水沿著屋頂的「鯽魚嘴」慢慢流洩，那雨彷彿想告訴我那芹壁過往的淒美故事。黃褐、磚紅色澤石材堆砌起曾經，更刻畫出過往芹壁居民的生活藍圖，過去曾是居民曬衣的場所，如今已經是咖啡飄香的雅座，旅人們坐在這兒，眺望出去的海灣閃閃發亮，矗立在海灣中央的巨石如故，屹立不搖。

芹壁聚落依山傍水，因聚落坐落芹山與壁山之間，因此取名為芹壁，也因聚落前的海灣有塊巨岩，岩礁四周的海水清澈見底像面鏡子，芹壁的舊名也稱為「鏡港」或「鏡澳」。芹壁村村民早期以捕蝦為生，隨著漁業沒落，居民大量外遷謀生，村落內的人口流失，榮景逐漸不再。留下的空屋群沒有過度的改造與開發，完整鎖住了過往時光，而那些戰爭時期所留下來的精神標語，是想沖淡卻刷不去的肅穆痕跡。我站在同個街角、望著同一片天空，那被白霧鎖住的歷史，依然持續散發淒美的氛圍。

2

3

4

1 芹壁聚落最美的角落。
2 芹壁村中主要的信仰中心也是以天后宮為主。
3 充滿著時光氣味的轉角。
4 天氣晴朗時的芹壁村非常漂亮，因此獲得「馬祖地中海」的美名。

雲朵下的和平天空

戰爭和平紀念館

「若是不曾走過，怎麼懂？」蘇打綠〈喜歡寂寞〉中的這段歌詞，點出了許多故事。沿著陡峭山路，來到了戰爭和平紀念館，這裡是台灣第一座以和平為主題的紀念園區，卻也曾是守著星空與國人平安的阿兵哥的恐懼之地——那些無數的夜晚，悶熱的晚風持續吹著，他如往常登上星空下的哨崗，望著天邊的那顆星，想著家裡的親人是否還安好？而自己的下一秒，是否還能活著見到家人？

活在平和世代的我們，不曾經歷過那段戰爭時期，沒有經歷過那個戰車砲炸山頭，飛機丟彈炸地的年代，我們都不知道戰爭的恐怖與當下的恐懼，我們口中說出的「懂」，都不是真的懂。

日日與兵器、戰車為伍的迷彩日子經歷半世紀後，劃下句號。軍方也撥出廢棄的大沃山軍事用地，把當時塵封的除役武器，都展示在園區中。昔日一條條深藏的溝渠重見天日，成了小朋友躲藏的迷宮；那一台台戰車遍布據點，戰地公園成為我們貼近歷史的模型。我看著解說牌，試著認識這些武器，遙想當時的肅殺氛圍，但在文字的描述中，歷史已成淡寫。那些用青春、歲月及夢想護衛著國家，換來我們和平的勇士們，現在過得還好嗎？

景點位置：連江縣北竿鄉北竿戰爭和平紀念園區
洽詢電話：(06)8362-5631

1 仔細看，能發現許多隱身在草叢中的戰車。
2 芹壁村中主要的信仰中心也是以天后宮為主。
3 展覽館內展示軍事沿革大事紀、軍用品、軍民生態及文化等主題，用影像及實體樣品展示著。

手擀的國寶級魚麵

阿婆魚麵

店家地址：連江縣北竿鄉中正路168號

營業時間：07:00–20:30

走進號稱馬祖西門町的塘岐村，三月的陽光照得街道暖烘烘的，一點都不像是冬天剛過的樣子。

沿著街道慢慢走到街尾，不過十分鐘的路程就走完了這個村子。街尾的那間轉角樓房前，機器發出規律的聲響，在這寧靜的午後特別引人注意。門口前一個大型的方形網上，擺放著一塊塊白色的麵團，在陽光反射下顯得特別白皙，我湊近一瞧，鼻息之間聞得到淡淡的氣息，是海的味道。「要不要買一包啊？」穿著花襯衫，繫著藍色圍裙，操著馬祖口音的老婆婆從屋子裡走了出來。我看了看她的臉，上頭還沾了一塊白色麵粉的痕跡。「阿婆，你臉上有麵粉！」阿婆豪邁地笑了，說：「我在做魚麵當然會沾上麵粉啊！」「魚麵？是馬祖名產的魚麵嗎？」「對啊，進來看看吧。」

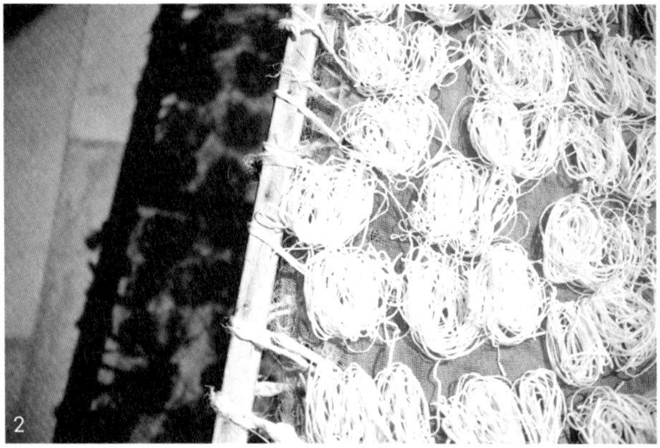

1不管天氣多冷、多熱，阿婆都是日復一日的製作著馬祖魚麵
2魚麵是馬祖發展出來的特殊飲食，有機會到馬祖一定要記得嚐嚐看！

跟著阿婆的腳步進到屋內，眼前看出去的四方居所應該是阿婆的家，卻擺滿了機器，這是阿婆製作魚麵的所在。阿婆要我自己慢慢看，隨即拿起了麵糰，開始擀了起來。但她手上拿的不是擀麵棍，而是酒瓶。「阿婆你怎麼會拿酒瓶擀麵啊？」「什麼東西好上手就拿什麼擀嘍！」說的也是。

過去因為捕獲的魚有時會過多吃不完，加上生活沒有冰箱可以冷藏食物，於是就將吃不完的魚製作成魚丸，最後進階成魚麵，如今也成了馬祖地道的美食小吃。眼前這一團團的白色麵糰，其實是由切碎的魚肉以「黃金比例」和太白粉混合，並加入少許的鹽，攪拌均勻後呈現的麵糰樣貌，接著經過切麵、挽麵、曬麵等等十二道手續，才有了一條條晶瑩剔透魚麵的樣子。而在我眼前，阿婆正在揉麵糰的動作是所有程序中最耗工的部分，考驗著製麵人的功力與耐心。

我問阿婆幾歲時開始學做魚麵？阿婆笑著說：「不知道了啦。」已經年過半百的阿婆，臉上雖然爬滿了歲月的紋路，但爽朗的個性沒有被歲月帶走，依然帶著朝氣在自家擀著麵糰。

莒光

時光從來不必對誰負責任

福正聚落

1 福正聚落曾是東莒最繁華的村落。
2 這裡的老宅有一種特殊的光陰氣息。
3 過去福正人都是在聚落前的沙灘挖掘花蛤回家添菜，如今退潮後還是可以看見有許多居民仍然挖掘著沙灘下的寶藏。

翻開塵封的明信片，被雨水刷淡的最後一行，是我當年在東莒島上寫下的記憶。

冬天的馬祖，冷風蕭瑟，踏上了離島中的離島東莒，更有種與世界脫離的感覺。騎著車，在依著島的姿態而起伏的公路上，轉一個彎，遠方那一座籠罩在雲霧中的福正聚落，拉開了馬祖新的風景線。馬祖列島目前有三個聚落保存區，包括北竿的芹壁聚落，以及莒光東莒島上的大埔聚落、福正聚落。福正聚落曾是東莒島上最繁華的村落，如今呢？

福州話中，稱呼灣澳防波石滬內船隻避風的位置為「福裡」（滬裡），福正名稱因此而來。東莒當地有句俗諺「夏福正，東大埔」，由於島上夏日吹西南風，位於東莒島北端的福正村最適人居，因此早期的東莒島民，猶如候鳥般隨季節往返遷移在兩村的港澳捕魚，讓福正與大埔兩聚落的居民形成一種交流圈。

當我走進這個曾經擁有繁華的聚落，面海的那些窗口緊閉著，海風陣陣撲向著它，似乎彷彿希望有人再來開啟這片風光。時光攀附的二落水石屋，亂石砌牆面上還掛著幾面破舊的手寫看板，吸引我停住腳步，於轉角解讀著。巷口的那間雜貨店，掛鉤上還綁著尼龍繩，卻也早已歇業。而那公布欄上貼著舊名的東犬公告，依然清晰。

循著巷弄步行，來到了港口邊，雲霧蓋滿灰色的天，而依海灣而築福正聚落，當年港內停滿輕舟的景象呢？閉上眼，想像當年滿港的景象、這個曾經生活的舞台，是耳邊呢喃著的潮水偷偷提醒了我，繁華會起，就會落，再好的都會過去，那些所謂的未來，或許都已不在了。

福正雖為馬祖最古老的漁村，卻沒有永遠的避風港，隨著漁獲量遞減，年輕人選擇外移他鄉，去找更好的工作機會，而那些獨留在島上的殘缺石屋，都只能是遠去的風景，孤獨地存在著。

故事中的對白去了哪裡？

大埔聚落

春日中的東莒，蒼白的雲霧籠罩，沒有太多豐富的色彩。東莒島上有大坪村、福正村兩大村落，前者是整座東莒島最熱鬧的地方，所有餐館、旅宿、郵局與商業機構都聚集於此，而不到五分鐘車程之遠的大埔聚落，卻已與繁華無緣，留下滿滿滄桑。

原稱「大浦」的大埔，在國軍進駐後，因不瞭解「大浦」地名原意，誤植地名為「大埔」，一直沿用至今，其實「浦」字在福州語中是有小港灣的意思。來到大埔聚落這座僅次於福

1 大埔聚落擁有東莒少有的平地資源。
2 聚落緊鄰港灣，一旁有一座超過一百七十年歷史的白馬尊王廟，是當地居民的主要信仰中心，而白馬尊王廟前的港灣，更是馬祖著名藍眼淚的隱藏版地點。
3 原本廢棄的老屋，如今透過整理改造，成為一棟棟別具特色的民宿。

正聚落的第二大傳統漁村，黃色調的花崗岩石材築構起承載時光的視覺，但街道內卻渺無人煙，房舍空著居多。那幾隻燕鷗，始終盤據著天空，似乎也在盼著居民的歸來。

大埔聚落擁有島上少有的平地資源，早期居民以漁為主、農為輔，全盛時期的大埔聚落居民達兩百人，鄰近的港邊也停泊滿滿的大小漁船，但這一切同樣隨著漁業蕭條、年輕人口外流，步入了口述的歷史中，目前村內僅剩一戶原居民居住。走進村落內為了保存漁獲而建的魚寮，一張破去的漁網，以及那些曾經使用過、現已蒙了一層灰的器具，彷彿那些期盼豐收的對話，還在耳邊迴盪著，留給我無限的想像。

近年，許多年輕人開始願意回來為這座島嶼而努力，致力於將大埔聚落的內原本閒置的老屋重新活化，有的成了主題民宿，有的成了旅遊諮詢的驛站，更有一座大埔客廳，將屬於大埔的過去文化脈絡，用藝術、設計的方式整理成展覽，試圖翻出過去的故事、找回過去的對話，不讓這一切都成為一場霧，在四季更迭中消逝。

1

黑夜中的無畏光芒

東莒燈塔

雪白的燈塔小屋矗立在翠綠山頭之上，遠在另一個山頭的我，看見燈塔的蹤影，像是遇見老朋友一樣，滿心期待地加速朝它奔去。

馬祖擁有兩座燈塔，一座是位於東引鄉上的東引燈塔，另一座則是位於莒光鄉東莒島上的東莒燈塔，由於東莒與西莒舊名為東犬、西犬，因此東莒燈塔又名為「東犬燈塔」。二〇一三年初次踏上莒光，當時陰雨不斷，澆熄了我的滿心期待，那回無緣見到藍天白雲下的東莒燈塔，也因此留下遺憾。睽違數年，我再度回到了東莒島，島上風景始終依舊，卻給了我一個期盼許久的好天氣，在陽光與藍天的襯托之下，莒光島上的風景不再憂鬱，一切變得鮮明而活潑。

日夜的東莒島有著不同的風貌，島外之島的莒光，夜色下沒有太多的人造光干擾，所有的風景呈現原貌，讓東莒燈塔成為此地夜晚最美麗的光引訊號。見證了烽火年代的東莒燈塔，想必也是經過一番波折，才能夠堅立百年吧？在歷史背景中，中國因鴉片戰爭失利，與英國簽訂南京條約、開放沿海通商，為便於辦別福州的方位，在英國人要求下興建東犬燈塔，因此當地居民亦稱其為「白毛城」。

我坐在白色防風牆旁，這一道白牆，替燈塔守護員抵擋了長年的強勁風勢，保護了燈塔守護員手上的煤油燈——這海上獨行船隻最後的希望之光，絕不能熄滅。而我眼中現在倒映著這樣美麗的星光，過去的夜空也是如此這樣寧靜嗎？燈塔旁的砲台靜默了。燈塔有著希望與光明的象徵，而我更覺得燈塔是無畏與勇氣的象徵，它指引了海上迷失方向的船，也指引了我心中遺失的嚮往。

1 燈塔小屋。
2 東莒島燈塔塔是台灣第一座由花崗石所建造的燈塔。
3 十九·五公尺的東莒島燈塔短小精實，模樣可愛。

閉著眼，
就化成
浪花片片

烈女義坑

1 烈女義坑的步道視覺相當令人震撼。

站在懸崖的邊緣，顫抖換來我最深刻的體會，眼前的無盡深淵，要有多大的勇氣才能夠縱身而下？東引島上有著形形色色的峽谷景觀，而讓我印象最深刻、也是感受最深刻的，就屬「烈女義坑」了。

早期，相傳東引一帶的島嶼常有海盜盤據，有一天海盜劫掠東引，一位漁民慘遭殺害，海盜甚至連漁民的妻子也不願放過。漁民的妻子為了躲避海盜的侵犯，狂奔逃亡至海蝕崖邊，眼前只剩峭壁而無退路，但她誓死不從、不願被強擄，最後選擇縱身跳下崖中身亡。後人因感念漁民之妻的貞烈，將此斷崖命名為「烈女義坑」。

沿著步道緩緩走到懸崖邊緣，放眼望去盡是壯闊峭壁，腳下就是浪花覆蓋的無盡深淵，令人怵目驚心。站在故事中的場景，回想當初漁民之妻的故事，不禁泛紅了眼眶，一個人需要有多大的勇氣才能縱身而跳呢？或許她曾在這裡抱著碎裂的心，淚流滿面請求海盜放過，可眼前卻僅剩絕望——最後她選擇在這裡，化成浪花，成為永恆。

囚禁自由靈魂的山崖

一線天

風箏翱翔在天空，是因為有風的陪伴才得以換到無盡自由。在一線的天空之下，軍人是否也是日日盼望著自由、壓抑著夢？

隨著發展觀光，「上接天、下通海」的東引一線天也開放遊客入內參觀，不同於一般景點，進入東引一線天得先接受經過登記姓名、留下連絡電話方可進入。一線天為東引軍事要塞，又緊鄰營區，入內得經過森嚴的檢查。在入口，穿著迷彩裝、頭戴鋼盔的軍人，依然面容肅穆地駐守著。嚴格檢視了我們的證件後才放行入內，讓人從入口處就先感受軍事島嶼特有的嚴肅氣氛。

層層階梯沿著島嶼的裂縫步延伸進入，下得越深，空氣中的濕潤氣息越重，直到抵達底層觀景台，好像走進了另一個世界。觀景台下是浪花覆蓋的無底深淵，看那潮水盡情拍打岩石，耳聽浪花所產生的聲響，峽谷的音箱效應無限放大了一切。仰望天空，已徹底被四周高聳的峽谷侷限著，那微弱的光線沿著山壁試圖想爬進了一線天中，卻也無力。而那些美麗的浮雲、那些自由的風，彷彿都已離我而去，讓我成為宇宙中最渺小的靈魂。

走在過去不可能窺探的一線天，僅剩一線的天空，曾經鎖著了多少渴望自由的心靈？沒有色彩的壁面，成為囚禁時光最可怕的敵人。不曾在這裡待過的人啊，那些流淚拉扯的日子，怎麼懂？

3

2

1 一線天地形壯闊。
2 深入峭壁，景色相當壯觀。
3 一線天入口石碑，所有遊客都得在入口處的哨崗做完身分登記驗證，才可進入到內部參觀。

心鎖東引

國之北疆

2

台灣的國土領域中，有「國境之南」之稱的恆春其實並非最南邊的領土，只能說是本島最南端，最南領土為曾母暗沙；而有「國境之北」之稱的東引，則有著台灣最北邊的領土「北固礁」（N26°22'58.8" E120°28'34.0"）。

來到東引旅行，最重要的一件事情當然是尋找國之北疆。從馬祖最熱鬧的樂華村出發，過了中流砥柱來到了西引，西引島上的風景跟東引島截然不同，因面臨北風迎風面，山坡地都被短草所覆蓋，不利高大植物生長。騎車在蔚藍的天空下，小路兩旁盡是一片綠油油的草原，風景美得好像明信片一般，讓人好舒服。繼續沿著蜿蜒小路前進，來到了通往國之北疆的道路，這一條小徑蜿蜒向上，已無法繼續騎車，只能透過步行方式繼續前行，而剛剛我眼中的美麗風景，此時卻成了熾熱的殺手，步道兩端沒有任何遮蔽物，約十五分鐘腳程，走著走著就讓汗水流滿了一身，終於來到了「國之北疆」。

一個大大的十字架，寫下了國之北疆的四方位，站在觀景平台上，平台西側看去，岩石上有三層不同的色彩，是東引島地質演變的美麗記號，被稱為「羅漢坪」亦名「三色石」。圍繞著平台的鐵鑄欄杆，替我們隔離了危險，那上頭的鐵鍊上卻掛滿了鎖頭，是每個來東引旅行的人們的寄望，他們將願望寫在鎖頭上後，掛上鐵鍊、留下紀念，而那些願望的後方，就是台灣最北面的領土——北固礁。

看著那麼多人們的願望，我想著，我的願望是什麼呢？其實，當時的願望已經在我眼前實現了。

1 國之北疆附近的峭壁地形相當壯闊，尤其是壁面呈現出不同色彩堆疊，表現出地層的歷史結構。

2 國之北疆的石碑。

懸崖邊的最初嚮往

東引燈塔

學生時期參加了某位風景攝影師所舉辦的旅行講座，講座上他分享了許多在馬祖列島地區所捕捉的美麗畫面，當時讓我記憶最深刻的，就是位於東引的「東引島燈塔」，照片中那潔白的燈塔呼應著藍天，在專業攝影師取景下，真的美得好夢幻。我當下就立下「此生一定要去一次東引」的願望，誓言親身踏入攝影師所捕捉的風景照之中。

來到東引，想抵達機車無法觸及之地，就只能靠雙腿步行，而東引燈塔就是如此。從停車場步行到東引燈塔，中間起伏不斷，走著走著心裡也不由自主地讚嘆起先人——這段路我走得辛苦，想必當時運送燈塔建材時，更是無比艱困。

1 前往東引燈塔的路上，沿線的欄杆皆以小東引燈塔為裝飾，相當可愛
2 東引燈塔塔高十四．二公尺，為國家三級古蹟，入夜後附近毫無光害，是看星星的最佳所在。

2

走往燈塔的路上，二座霧砲及霧笛伴隨著燈塔走過將近一個世紀，而我用著蹣跚的腳步，終於越過最後一段階梯，看見了屹立在海岸邊的東引燈塔。潔白的圓胖塔身戴上了黑色的帽子，呼應著藍天與薄荷色的大海，看著眼下的風景，感動油然而生，我終於來到了夢寐以求的場景了！

一九〇四年落成至今，東引燈塔已擁有上百年歷史，聽曾在東引當兵的學長口述，東引燈塔是他們當時最不想見到的地標，因為只要踏上這座島，就得等待好久的時間才能回家。不過，在島上放風的時刻，他們很喜歡坐在燈塔附近，吃著便當、看著燈塔、吹著海風，也想著家。

我坐在學長過去曾經坐過的那層階梯上，讓蔚藍的海洋當我的背景，任憑陣陣海風不斷吹襲，一時之間還無法抽離沉浸在感動中的心——終於，我來到這裡，日後的回憶與它再也毫無隔閡。

當肅穆分子在地道穿梭

安東坑道

1 隧道底層的終點有許多開闊的洞口可以眺望海面風光。
2 下至安東坑道底層要走完四百多階梯，對於腿力不好的老人家來說，來到這裡會有點吃力。

在軍事撤離後，大部分坑道都處於閒置狀態，隨著觀光開放，這些坑道也成為馬祖重要的觀光資產。大多坑道經過整建與規劃，成為遊客來到馬祖必訪的景點，讓遊客可親身體驗當時以坑道與軍事交織的在地文化。而到戰地前線的東引旅行，最重要的行程，也是參觀島際之間四通八達的地下坑道。

於二〇〇四年對外開放的安東坑道，入口處以迷彩的印象先替遊客增添了戰地的氣息，尚未走入坑道，貫穿地底三百公尺的涼風陣陣竄出，沿著四百多階的階梯下至坑道底部，延伸出八個孔道，每條通道都通往海邊。抱著忐忑的心，繼續走在幽暗的空間中，滲透礁石的地下水，滴滴答答沿著地板漫開，潮濕的空氣潤澤了坑道壁面，青苔蔓延著精神標語生長，前線特有的緊張氣氛在小小的空間中瀰漫，讓人不禁想像部隊當時在隧道內生活，是多麼克難。

而後方一間又一間的小房間，則區隔了嚴肅的日常氣氛，有彈藥庫、官兵寢室、中山室及「豬舍」，完整保留了當時部隊在地底下生活的形貌。早期無大型機具可以闢建坑道，僅能仰賴人力，整條安東坑道皆由駐守在東引的阿兵哥一刀一斧開鑿而成。那些早期原挖掘通往海邊的透光孔，也成了最佳的觀景平台，站在透光孔可眺望蔚藍大海，東引的奇岩巨石一覽無遺，坑道口周邊的島礁更有許多燕鷗棲息，過往的戰爭坑道，意外成了現代愛鳥人士的賞鳥聖地。

1

2

1

腳下的藍色恆星

牛角聚落踩星沙

倚著山壁建造的牛角聚落，曾經是馬祖第一大的漁村，看著海灣旁的閩南建築，我想著，過去眼前這片海灣曾停泊著滿滿的百艘漁船，只是，那些熱鬧與榮景，隨著時光已不復再。與其他聚落一樣，牛角聚落由於人口外移，曾經凋零了一段時間，但隨著馬祖觀光發展起步，現在已經可以看見許多年輕人回來；而近年馬祖藍眼淚熱潮興起，也間接帶動起牛角聚落的生命之火。

1 入夜後的牛角聚落，比白天還要浪漫。
2 腳下的藍色光點，都是一隻隻星沙所發出的生命之光。
3 牛角聚落前的沙灘，白天是許多人從事水上活動的場域，當地居民也會到沙灘上戲水、曬太陽。

上天賦予牛角聚落一片南竿少有的沙灘，這片沙灘正是活化牛角聚落的關鍵——白天，許多熱愛水上運動的旅人在此划著獨木舟，在湛藍海上冒險。入夜後，沒有光害的牛角聚落，星光與月光照亮了漆黑的海岸，而白天呈現金黃的沙灘，卻不時閃動著神祕的光點，那就是馬祖地區特有的「星沙」。

只要有海灘的地方，在南竿大多都可見到星沙的蹤影。星沙與藍眼淚雖然都發著藍光，卻有所不同。藍眼淚是一種螢光藻，學名鞭毛藻，會隨浪頭湧入海灣內，只要海浪拍打，螢光藻受到刺激就會發出藍光；而星沙則是一種介形蟲，同樣隨浪頭被沖上沙灘，只要被踩到就會發出藍色的光芒，在漆黑的夜色裡特別亮眼，因此有人說牠是地上的星星。我記得第一次將星沙捧在手心時，牠發出的華麗藍色光點，讓我深刻感受到大自然的奇妙與不可思議。

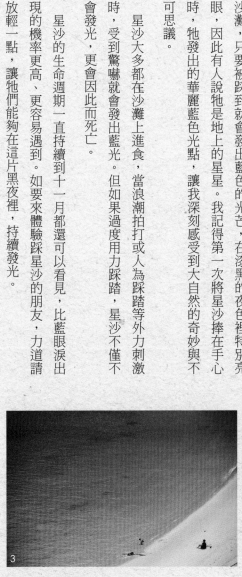

星沙大多都在沙灘上進食，當浪潮拍打或人為踩踏等外力刺激時，受到驚嚇就會發出藍光。但如果過度用力踩踏，星沙不僅不會發光，更會因此而死亡。

星沙的生命週期一直持續到十一月都還可以看見，比藍眼淚出現的機率更高、更容易遇到。如要來體驗踩星沙的朋友，力道請放輕一點，讓牠們能夠在這片黑夜裡，持續發光。

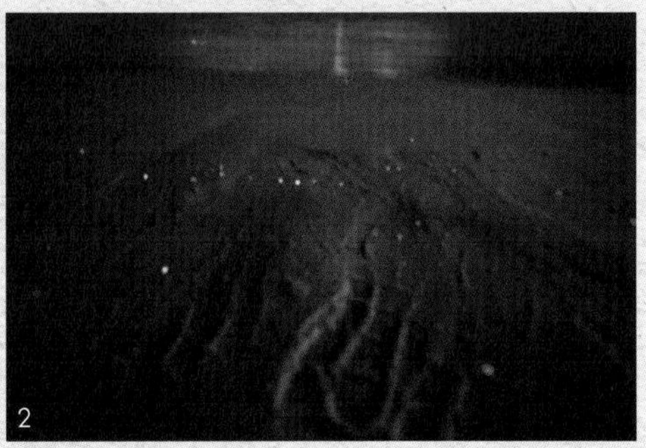
2

3

04
Chapter
蘭嶼．如飛魚躍出悠悠大海的自由奔放

地表下的熱情岩漿沿著地球的裂縫，在太平洋上爆開，許多小島因此形成，數千萬年來的演變，成就了蘭嶼壯闊俊俏的高山地形、一座又一座的幽暗火山熔岩隧道，更孕育出屬於南島語族的生活面貌與傳統文化。當你踏上蘭嶼這座島，能清楚感受到每一處海灣的氣息，洋流造就了每個部落習性的差異，也應運而生出不同個性的生活態度，但部落之間仍因一艘拼板舟，串連起感情與風情。

Lanyu

蘭嶼

Chapter 04 Lanyu

拼板舟

環島公路

東清灣日出

蘭嶼燈塔

坦克岩
鱷魚岩
避風港文化工作室
蘭嶼燈塔
(P.186)
朗島部落
(P.192)
開元漁港(P.180)
舊蘭嶼燈塔
祈禱山
饅頭岩
虎頭坡
椰油村蜜月灣
環島公路

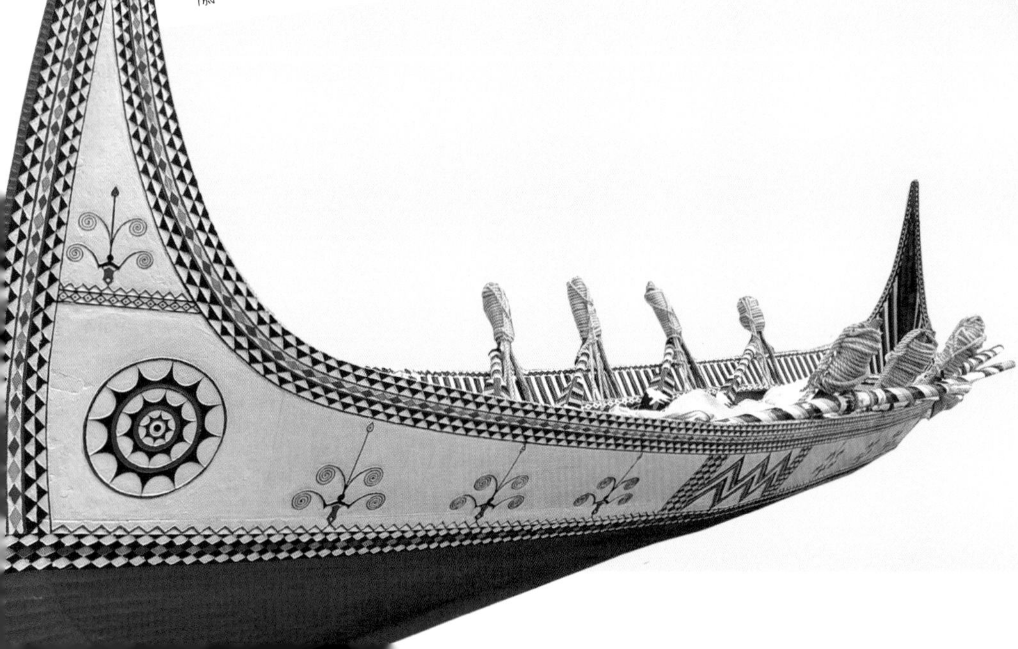

1

2

火山島的公路之旅

環島公路

數百萬年前，火山爆發後形成了這座小島，不論旅客從海路或是空中拜訪蘭嶼，都一定會看見這一座巨大高聳的紅頭山，它以五百四十八公尺的姿態入天，比台灣第一高樓101還高聳，寫下了旅客對蘭嶼的初次印象。

火山之島蘭嶼坐落在蔚藍的太平洋上，島上大部分為山地，其餘為丘陵綿延，沿海則為平地，擁有曲折的海岸線。來蘭嶼旅行不用害怕迷路，整座島以一條「環島公路」串聯各個村落，沿途並沒有無紅綠燈的阻撓，怎麼繞都會回到原點。在蘭嶼，就是要享受一路拉風地騎車，每一個轉彎都是驚奇。

繞行蘭嶼一圈約九十分鐘左右，我喜歡以島中央的中橫公路作為切點，分割為環島北段與環島南段兩段來旅行蘭嶼，蘭嶼北環段由紅頭部落北上，串聯起漁人部落、椰油部落、朗島部落，最後來到了東清部落。北段路線大多經過蘭嶼的主要機構，如機場、鄉公所、超市、農會、燈塔……等，中途會穿越了一座特殊的火山熔岩隧道，也是環島公路上唯一的隧道。蘭嶼的公路雖然不像台灣本島有著平坦舒適的柏油路，但隨著蜿蜒起伏，驚奇不斷，也串連起島上部落與部落之間的世代情感。

1、2、4 環島公路上的美景。
3 雙獅岩。

在太平洋邊際
呼喚而起的晨光

東清灣日出

在蘭嶼，山羊是神話、是感動，是這座人之島每一天的日出守護者。

旅行蘭嶼最美的不是人為的風景，而是這島上令人震撼的自然景致。在蘭嶼旅行的每一天，我總習慣安排起個大早，繞到東清灣欣賞台灣第一道曙光。

位於蘭嶼東清部落的東清灣不只是迎接第一道曙光的聖地，也是整座蘭嶼島上最大的海灣。天光未亮的東清灣格外靜謐，岸邊已坐滿了刻意早起、在此等候日出的旅人。為了找尋不一樣的日出視野，我沿著環島公路騎著機車，在東清部落的某個角落找到了我最想要的畫面。

這天剛好遇到颱風外圍環流影響，巧遇難得的多雲時晴偶陣雨，讓我體驗到蘭嶼不一樣的日出風情。我站在看得見軍艦岩的海角，靜靜守候著日出。天色也從幽黑逐漸翻了一層魚肚白，那海平線背後的光芒拼命地想從彼岸爬出，努力穿透太平洋上的浮雲，隨著時間的變化，太陽終於探出頭來，一束束光線展現最多變的日光匯演。當我欣賞眼前的風光，一旁山羊整齊劃一地在海邊繞行，山羊媽媽小心翼翼地保護著山羊寶寶走過艱難的礁石地形，溫馨的畫面讓人覺得溫暖也感動。

1 東清灣看日出是島上最經典的角落，在這裡因天氣及季節不同，每天日出的樣子都不同。
2 在東清灣看日出時有許多山羊會伴隨在身邊。

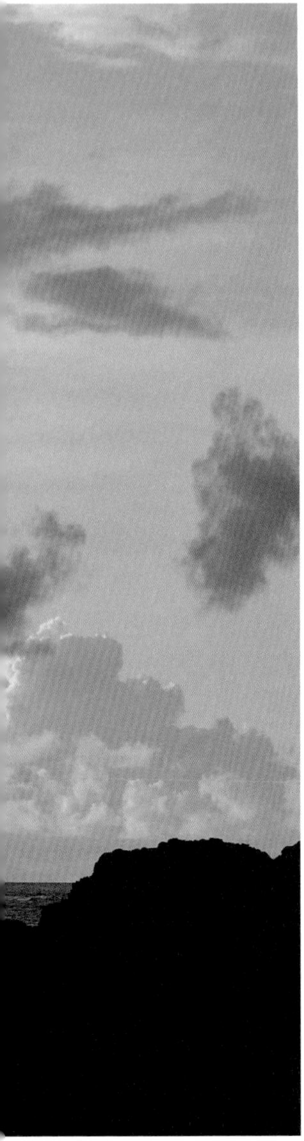

守護蘭嶼的海上軍艦

軍艦岩

蘭嶼東北方外海上有一艘「軍艦」，挺過了大戰時期，陪伴蘭嶼走入了這個世紀。

散落在蘭嶼外海、看似孤獨的碎岩島礁，有著一個帥氣的名字——軍艦岩。由於周邊海域環礁多、暗流險惡，達悟族人也稱這座島為「Jyahawod」，有登島不易的意思。軍艦岩附近的海域因為沒有受汙染，是蘭嶼東清部落族人主要的漁場，天氣好時，可以看見許多蘭嶼島民在層次相當豐富的海面上划著拼板舟、從事漁業作業，形成美麗的畫面。

據說在二次世界大戰期間，美國和日本軍艦在蘭嶼附近海戰，美軍誤認為軍艦岩是航行於海面的日本軍艦，三番兩次進行砲轟，後來才發現原來砲炸了一座小島，這座看起來很不起眼的巨石陣，卻成為代替蘭嶼承受戰爭無情轟炸的守護者，也真是難為這座可愛的島嶼了。

1 軍艦岩也是看日出的好地方。

蘭嶼的
感情線上

青青草原

1 青青草原步道的終點可以看到小蘭嶼。
2 青青草原的小徑隨著草原地勢高低起伏、蜿蜒，讓人覺得走到路的盡頭或許會抵達藍天。
3 站在青青草原上吹著從海上來的風，徹底拋棄了城市的喧囂，能見度高實在青青草原可以眺望到遠方的恆春半島。

2

3

蘭嶼人跟我說：到蘭嶼一定要到青青草原，並做三件浪漫的事：看海、吹風、望星空。為了尋找這片蘭嶼人推薦的草原，我沿著環島公路前進，卻差點錯過了——原來青青草原的入口並沒有明顯指標，許多旅人來到這裡跟我一樣，稍不留神就錯過了這隱身在綠意中的小徑。

青青草原是蘭嶼最為寬闊的草原，始終保留著蘭嶼原始的草原風貌，早期的居民在這塊隆起的珊瑚礁台地進行耕作，後來因為人口流失，耕作者少了，這些荒廢的田野因此形成一片遼闊草原。隨著四季更迭，這片鬱鬱蒼蒼、相互交疊的草原會變化不同色彩，讓位於熱帶的蘭嶼因此有了明顯的四季變化風情。

在青青草原這兒，沒有特別鋪設人工專用道，而是讓旅客依循著先人走過的路徑，找尋那些在草地留下的印記。白天來青青草原看大海、吹吹海風；晚上來到此，則可以躺在柔軟的草原上，仰望星空，數著流星，我想，這就是蘭嶼人口中的浪漫吧。

我很喜歡在夏日午後來到青青草原，聽著浪花拍打著礁石的洪亮聲音；踏著色彩飽和的翠綠草原，眼觀天空掛滿了夏日的積雨雲，與那可愛的小蘭嶼隔岸相對，我的心隨著眼前的風景跌入一片無敵海景中。逗留到日落時分，太陽準備跌入海平線的那端，天空也出現千變萬化的迷幻色彩，這正是屬於蘭嶼的夏日向晚。幾條蜿蜒小徑，就彷彿是青青草原的的感情線，更是拜訪過的旅人心中無限的甜蜜印象。

1

展開達悟族的生活藍圖

野銀地下屋

蘭嶼是台灣所有離島中，將南島文化保存得最完整的一個島嶼。來到蘭嶼，想瞭解達悟族人最地道的生活方式，一定要走一回野銀部落。

第一次拜訪蘭嶼時，因為憧憬蘭嶼地下屋的風貌，我從椰油部落騎著機車繞過半個蘭嶼來到了野銀部落，但放眼望去都是一塊一塊的黑色屋頂，與我想像中的有點不同。

蘭嶼的六個部落中，保留最多傳統屋的就是野銀村，走在石頭堆砌起來的小徑，兩旁開滿了黃色的小花，空氣中飄著淡淡的鹹魚味，原來是小徑盡頭那戶人家正在曬飛魚。

我穿梭在村落中，一個老奶奶從屋子走了出來，手上提著的小袋裝滿了芋頭。我好奇地看了看她，她笑著說：「我們住的地方看起來破爛破爛的，沒想到這麼多人喜歡來看。」

「不會啊，這種屋子已經很難見到了耶！」我說。

「那我帶你去看，那邊那戶人家的屋子可以讓你進去看！」

「好啊！好啊！」我想，這是最意外的收穫了。

老奶奶帶著我走過掛滿飛魚的那戶人家，來到了一戶大門敞開的地下屋前，對屋子裡喊了一段我聽不懂的達悟族傳統語言。一個白髮蒼蒼，嘴上叼著一根菸的老爺爺走了出來。我瞪大了雙眼，老爺爺只穿著一條蘭嶼的丁字褲！老奶奶看見我吃驚的樣子，笑著說：「我們這邊的老人家都不愛穿衣服，有的老奶奶也是裸上身，只是沒被你遇到，習慣就好。」

老爺爺知道我的「目的」之後，邀請我進入他生活的屋子，介紹他的家居環境。屋子內光線幽暗，瀰漫著一股淡淡的煙燻味，觸手可及的天花板下方，畸零空間放滿了許多羊角及豬臉骨，雖然看起來嚇人，卻是老爺爺過去的戰利品。屋內主要分成幾個獨立空間，有主屋、工作室與涼亭，主屋

1 即便是房屋已經頹圮，還是有許多老蘭嶼居民堅持住在這傳統的屋舍之內。
2 跟著老奶奶的腳步，第一次踏進地下屋的屋內看蘭嶼人的生活。
3 地下屋旁有許多發呆亭，許多蘭嶼人都在這裡度過悠閒的看海時光。

空間最大，有關生活起居的煮飯、貯藏、睡覺……等都在此，進行編織、製作傳統工藝品會在工作房，而涼亭則是用於工作及休息，也是招待客人的場所。屋外還有一小片廣場及獨立的菜園，廣場用來曬飛魚，菜園則種植蔬果，自給自足外也可與鄰居以物易物，交換家裡所欠缺的食材。

地下屋是蘭嶼的傳統住屋，也是達悟人因應島上高溫、多雨、多颱風等特殊氣候環境，就地取材所發展出的獨特建築風貌。這種屋子採半地下建築樣式，可避免強風侵襲，屋頂過去以茅草為主，住在裡面也因此有冬暖夏涼的效果。但因為茅草收集不易，又必須時常更換，現在大多已經改以黑色防水布覆蓋，造就野銀部落如今的黑色屋頂地下屋。

雖然目前在部落中已築起許多現代的水泥房舍，但老爺爺表示實在不習慣住在那種屋子裡，他還是比較喜歡地下屋，畢竟也住了八十幾年了。雖然只與老爺爺聊了短短的時間，但我深刻感受他對這棟屋子的感情是多麼難以割捨。

到野銀部落，請記得族人非常注重隱私，想進行拍攝，請務必得到同意後方可進行，千萬不要貿然對著住家或者族人按下快門。

3

1

迷人的藍眼睛

開元港

第一次搭船登上蘭嶼這座島嶼，站在碼頭堤防上，陽光穿過湛藍的天空，朵朵白雲撞進了綻放綠色光彩的山，我拖曳著行李走在顛簸的開元港邊，港口的海水竟清澈到可見底，心裡浮起無限感動。

波光粼粼的開元港，是許多旅人搭乘快艇從富岡漁港出發，跨越海洋、抵達蘭嶼島的第一印象，更是蘭嶼的重要門戶。雖然歷經兩、三小時的海上搖盪，已經是頭暈目眩，但只要踏上島上的那一刻，眼光

1 從開元港看下去的海水相當湛藍。
2 開元港是島上最為熱鬧的一個區塊。

一觸及到開元港的風景，頓時就會忘記暈船的不適，只留下難忘印象。

開元港坐落於蘭嶼的西岸、緊鄰椰油村，更可說是整座島上的事務中心，許多重要的機關都集中在港口附近，港邊入口處更有蘭嶼唯一的加油站，是島上最為熱鬧的一個區塊。我很喜歡舊開元港南邊的白色燈塔，旅人只要順著岩壁攀上階梯，就能享受一片海天一色、無限遼闊的海景，港灣內的湛藍海水像是一顆藍眼睛，一閃一閃地動人至極。

雖然開元港內的作業頻繁，也設置許多消波塊和大面積的水泥堤防，但港灣內海水依然清澈零汙染，甚至看得到海底的珊瑚礁。午後，還有些達悟族小朋友會在港灣內的淺水地帶戲水、游泳，港內的悠閒與我們在台灣西岸看見那漁船進出港所形成的忙碌景象，成了一種對比，與潔淨的海水、碧藍的天空，組成美好的蘭嶼。

當我越過
黑潮後的愛情港

避風港

環島公路途中，來到了朗島部落，伊娜告訴我，村子裡的「避風港」也藏有一段故事，至於那段故事是什麼？伊娜笑而不答，賣了一個關子，只說：「有機會也過去聽聽那段故事吧！」

告別伊娜後，我前往她口中說的避風港看看，可是我在店門口左看看、右看看，就是沒看到屋子裡有人。倒是桌上琳琅滿目的商品吸引了我的目光——經過伊娜的介紹，我更瞭解了這些圖騰、顏色背後的意義。當我正遠遠地看得入迷時，一個聲音從後面傳了過來：「慢慢看喔！」

回頭看，一個黝黑的女子抱著額頭已經濕透的小女孩，下了機車朝我走過來。「你是美琴嗎？」我說。她露出驚訝的神情：「你怎麼知道？」「伊娜告訴我的！」我笑著回答。

「你先慢慢看，我帶女兒進去屋子裡洗個臉！」美琴轉身進到屋子裡，留下了店外的我獨自欣賞這可愛小屋的內外風景。小巧又精緻的店面是由漂流木組合打造，看起來應該是手工建造

2

而成，加上許多手繪的圖騰，讓整個屋子有了一些俏皮的氣息，是蘭嶼島上頗為著名的小店之一。

「抱歉，抱歉！我女兒今天發燒，我剛帶她去看醫生，所以店沒人顧。」美琴一邊說一邊匆忙地從屋內走出來，換下沾滿汗水的衣服，看起來清爽多了。

「可是你外出的話，店不用拉門關起來嗎？」

「有什麼好關的？島上的人都互相認識，也很純樸，附近的鄰居也會幫我看店，不用擔心啦！」

「所以你是蘭嶼本地人嗎？」我好奇地問。

「我是從彰化嫁過來的哦！」

原來，美琴來自彰化，十幾年前從台灣追愛跑來了蘭嶼，嫁給目前開設餐廳的達悟族先生「碧風」，一段跨越黑潮的愛情故事，因此在地生根。

「剛過來的時候真的不知道能做什麼，於是看看那些嫁到蘭嶼的台灣媳婦，大多都是開餐廳或從事文創產業，我想我的興趣就是手工藝，不如

開一家店吧！這間店就因此誕生了。」美琴說。

由於蘭嶼的工作機會不多，美琴選擇開設「避風港文化工作室」，把自己的喜歡手工藝的興趣融合蘭嶼當地文化，再次翻新。碧風工作之餘的興趣就是雕刻，木頭則來自由台灣飄洋過黑潮的流木。

聊天之下，發現「避風港文化工作室」就是取自美琴先生的名字「碧風」而來。美琴嫁來蘭嶼，先生就是她在蘭嶼的避風港，從言談中我聽出了她對於愛情的憧憬，我想，如果深愛一個人，即便是天涯海角、生活有多苦，都會隨之迎刃而解吧？而美琴追著愛情到蘭嶼的故事更被拍攝成電影《等待飛魚》，這就是伊娜口中的故事。

1 位於朗島部落的「避風港」，是一間由愛孕育而生的浪漫小屋。
2 只要關上店門，就會看到門上兩隻貓頭鷹及飛魚的可愛圖樣，而貓頭鷹就是美琴跟碧風的化身。
3 拜訪這天，碧風正在替屋頂刷上新的油漆。

台灣海拔
最高的燈塔

蘭嶼燈塔

沿顛簸的道路騎著車，小路曲折蜿蜒，兩旁長滿了芒草，擋住了蔚藍大海，忽然一個轉彎，那個海平線已經離我好遠，我終於來到了山頂端。站在髮夾彎的轉角處，風努力地爬上了山頭，帶來屬於太平洋的沁涼。山下環島公路的紅色欄杆勾勒出海岸線的邊緣，行駛在環島公路上的機車族變得更加渺小了，眼前看出去的風景好清晰。

繼續沿著道路前進，那白色的外牆擋不住蘭嶼燈塔的高聳姿態，它悄悄地探出頭來跟我們打招呼，彷彿宣告著：「我就是台灣海拔最高的燈塔。」走在蘭嶼燈塔園區，翠綠的草地呼應著白雲與藍天，幾幢白色的燈塔宿舍，住著掌管燈塔靈魂的「燈塔守」。蘭嶼燈塔於一九八二年建立，塔高約十四．八公尺，在台灣所有燈塔中，算是挺年輕的一代。整座燈塔塔身為圓形混凝土造，佇立在蘭嶼的山頭上，守護著那些行駛在寬廣太平洋的輪船。

2

1 蘭嶼燈塔是蘭嶼唯一的燈塔。
2 蘭嶼燈塔入口。

編入歲月的織布機

素珠阿姨的家

1

在蘭嶼旅行的第一天，花了三小時橫渡了波濤洶湧的太平洋，終於踏上了蘭嶼。剛下碼頭、頭暈目眩之際，手機響了：「我在開元港旁邊的加油站等你們唷！」話筒那端是有著相當重口音的國語，也是我後來在蘭嶼最為熟悉的聲音的主人——素珠阿姨。

緩步走到加油站，素珠阿姨和先生已經站在那兒等著我的到來，他們替我把行李掛上機車：「歡迎，歡迎！搭船很暈吧？」阿姨熱情地招呼。「阿姨你家會很遠嗎？」我問。素珠阿姨笑著回答：「跟著我出發就對了！」

我跨上了素珠阿姨的機車，沿著蘭嶼的公路前進，當我還沉浸在周邊與世無爭的海島風情時，村落的景致就已映入眼簾，我椅墊都還沒坐熱呢！沒想到阿姨家距離港口這麼近，就在椰油村內。

第一次蘭嶼之行，我就入住在位於椰油村的素珠阿姨的家，阿姨的家整理出一個大約八坪大的雅房，刷上了水藍色的牆，方正格局內採地鋪型式，僅有一台電視和一張桌子，讓背包客或是像我只是需要一個可以睡覺地方的旅客居住，價錢也很公道，一個人頭五百元。

打開電風扇想說小睡一會，沒想到醒來後已經是下午兩點。我在房間整理行李時，聽見外頭傳出一陣陣木頭拍擊的聲響，循著聲音來到客廳，原來是素珠阿姨正操作著一台我從未看過的機器。蘭嶼的午後沒有台北城市的車流嘈雜，甚至連電視收音機的聲音都不曾聽見，正因如此寧靜，讓這台機器的聲音格外響亮。

我沒打擾素朱阿姨，反而細細端詳起客廳，只見牆面掛上幾幅照片，有的是素珠阿姨年輕時的照片，有的寫上了阿姨年輕時的貢獻事蹟，其中最吸引我目光的是一張阿姨手上抱著編織品的照片。當我看得仔細時，一旁木頭拍擊的聲音突然停了下來：「那些是我編的丁字褲和一些作品啦！不好意思，這機器吵到你了齁！」素珠阿姨不好意思地說。

「不會啦，但阿姨，我很好奇這機器是什麼？」我將身子靠近機器一旁，想看個仔細，這台機器內部之間貫穿了數不清的白線，白線在縱橫交錯所形成的看起來有點類似鋼琴：「我猜猜，這是一台紡織機？」

「素珠可是蘭嶼的珍寶，全蘭嶼會平織機的人家剩下五戶，我們家就是其中一戶！」素珠阿姨的老公突然從一旁得意地說。

原來，素珠阿姨是椰油村內相當知名的丁字褲平織家，整座蘭嶼島上的丁字褲幾乎出自於她手，是她使用這台機器、以時間一穿一引製成的。早期蘭嶼島上因為天氣潮濕炎熱，也因此孕育出這樣的特殊服飾，達悟族男性為了方便在海上生活作業，多僅穿丁字褲；而女性則用衣布從肩膀垂掛而下將胸部遮住，相當簡單。過去島上因為資源匱乏，且發展得慢，身上穿著的服飾得來相當不易，必須倚靠傳統的編織機，一層一層平織而成。

素珠阿姨拿出一本相簿與我分享，其中有件作品特別吸引我目光，是蘭嶼傳統平織布與客家花布的融合。「現在不是很流行這種花布嗎？」素珠阿姨笑著說。

早期蘭嶼平織出的布料都是素色款式，後來因為島際交通變得方便些，如需加工染色，她就會把布料送往花蓮另一位合作的植物染專門的老師家。為了增加蘭嶼編織的可看性，以及配合當今社會的流行度，素珠阿姨在蘭嶼傳統的編織作品上首度融合了客家花布，展現了文化族群的融合。阿姨說，蘭嶼人現在力求文化融合，除了曝光求生存，也讓創意更能發揮呢！

1 紡織機上的白線彷彿有著阡陌般的風景。

2 蘭嶼傳統的織布機相當巨大。

3 看似簡單的一條丁字褲，最少也要編織出三百公分才能夠使用，更有尺寸大小之分。若是要編織出更特別的花色，就必須花費更多心思與腦力去製作。

2

3

聽伊娜說 鈕釦的故事

朗島部落

「跟每個遊客傳述故事的緣由，是我在蘭嶼最後的責任。」

跨上摩托車，我沿著島上唯一的環島公路穿梭在每個部落中，湛藍的天空與碧藍海水相映，幾艘達悟族的拼板舟停靠在岸邊之上，自然形成了一幅最美的畫作。

還沒到朗島部落，我看到道路旁有間高腳屋，上頭的飾品琳瑯滿目，讓人忍不住駐足細賞。斑駁的高腳屋內大約只能容納一人，放置著各式各樣的彩色珠珠及串線。「每一個作品都具有獨特的意義，不是無中生有的。」一位披上雪白蒼髮的婆婆坐在裡頭，看見我的到來，探出頭用緩慢的語氣說著。

「來蘭嶼，有很多故事，如果我不告訴你們，以後就沒有人會跟你們講了。」這間小小的高腳屋，是伊娜的攤子，上頭販售著許多傳統飾品如腳鍊、手環或項鍊，都是伊娜自己製作的。

「伊娜」在達悟族語中是媽媽的意思，而眼前這些飾品其實在達悟族中都各有寓意，如紅色是熱情，黑色是尊貴，白色是純潔，三個加起來則是圓滿，藍色代表大海，菱形則是代表幸運。伊娜指著攤上的鈕釦說：「這些鈕釦是跨黑潮而來，是財富的象徵，對我們來說是相當珍貴的物品。」原來，鈕釦是日本統治台灣的時期帶來蘭嶼的，蘭嶼人堅信鈕釦是財富的象徵，並會在鈕釦上再加上裝飾來暗示自己的身分，像是鈕釦如果縫成平行線就是已婚，交叉線則是未婚。

伊娜有個女兒，嫁到台北三重生活後，幫伊娜在網路架設了一個工作室，一方面是讓母親閒暇之餘不會無聊可以創作些飾品，一方面是伊娜本身很擔心蘭嶼的文化會漸漸消失或被取代，想藉由飾品販賣過程，與遊客們分享蘭嶼的當地文化。

這個看似僅能短暫遮風避雨的小攤子，被伊娜視為人生最後的「分享小站」。伊娜從小在蘭嶼島上長大，看過、聽過、經歷過蘭嶼大大小小的風波與變化，熟知島上各種故事的緣由，她害怕自己的文化會遭受時代與潮流衝擊，因此期盼透過這座小攤子，將自己當作核心，用心地向旅客介紹島上的各種故事。伊娜覺得，傳承其實就是傳述事情的原由，她想趁著還有體力的時候，傳遞蘭嶼的在地文化，她認為，唯有分享好的故事、對的事情，才能讓旅客帶回滿滿的感動。

1 伊娜的店內掛滿了她的創作品。

2 伊娜販售的腳鍊分為女生及男生款式，戴上後就能帶上滿滿的勇氣，伊娜說，戴上後就不可隨意拿下，直到腳鍊自己斷掉那天，願望就會實現。

特典

蘭嶼的拼板舟

蘭嶼的美是因為當地保有許多傳統文化，不過在表面的美麗之下，也存在著許多禁忌及潛規則，像是在很多港灣都可見到當地特有的拼板舟，許多遊客看到拼板舟都會興奮地上前合照，但或許很多人不知道，其實想接觸拼板舟是有一定規則的。

顧名思義，拼板舟（達悟語為tatala）是由木頭組裝而成，小船部分用了二十一塊木板，大船則用二十七塊，製造過程中連一根鐵釘也不使用，僅運用傳統工法，依靠木釘、接榫及樹脂等技術拼裝而成，船身所用的材料全取自於島上，主要有龍眼樹、赤楠、福木、膠木、麵包樹、大花堅木……等。不同材料有不同性質的運用，在選材、砍伐的同時也會種下一棵新的樹，是蘭嶼人對於大自然的尊重與永續經營的理念。

舉行過下水儀式的拼板舟，船首及船尾分別會插上「黑雞羽飾」，並在船身刻畫上放射狀同心圓的「船眼紋」，這圖案對於達悟族人來說具有避邪、保佑、祈福及指引等神聖的象徵意義，也代表船的眼睛。如果看到這種樣式的船，最好不要輕易觸摸，用眼睛看就好，隨意碰觸這樣的船，對於蘭嶼人來說是種禁忌。

而船身上的彩繪，花紋橫紋及周圍的黑白格子指的是波浪，名為「波浪紋」，而船身的「人形紋」則表示同心協力。拼板舟的船身主要會漆上達悟族的代表色彩，分別是「黑、紅、白」，這三種色彩在達悟族來說分別代表著不同意義，黑色表示尊貴，紅色表示熱情，白色則是海浪。在沒有油漆的年代，蘭嶼人利用天然的白色五爪貝、紅土、鍋底灰等物品來調配顏料。

飛魚季結束後，達悟族人就開始準備新的造船工作。因為一艘拼板舟製作的程序相當繁瑣，從取材到建置完成，需要整個部落族民同心協助，甚至得耗時二至三年，才能完成一艘拼板舟。而在飛魚季期間，大多船身是不能碰觸的，過去甚至還規定女性不能登上拼板舟。但隨著蘭嶼開放觀光，漸漸發展出為觀光量身訂做的拼板舟，讓遊客放心體驗。

05
Chapter

綠島・轉身之後，孤寂是我最終的旅途

翻開歷史往事，那些傷痛總是瞬間灼傷了眼眸。踏上原名「火燒島」的綠島，陽光依然熾烈地燃燒著，雖與蘭嶼只有幾里之隔，卻在時代的演進中，各自踏上了不同的路。那些背負著人權自由而奮戰的人們，在這裡亦與孤寂日日對抗……

Lyudao

綠島

Chapter 05 Lyudao

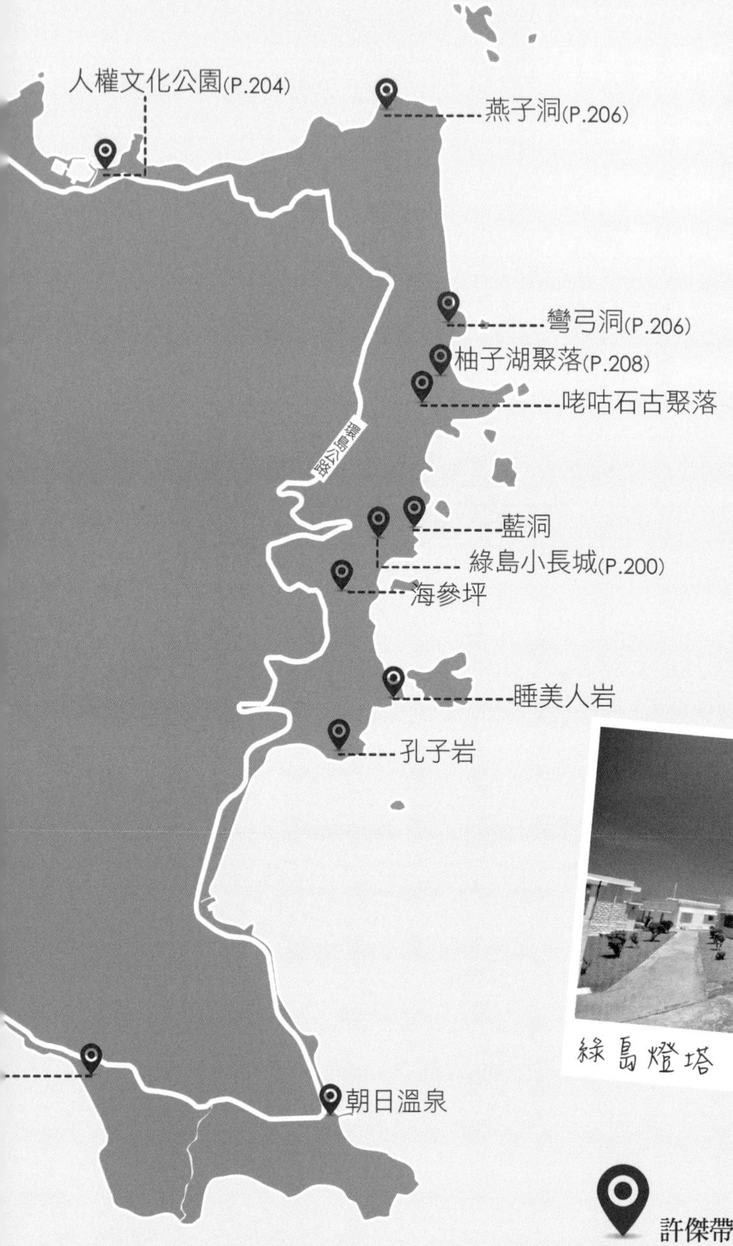

綠島燈塔

許傑帶路　其他景點

小長城

柚子湖

燕子洞

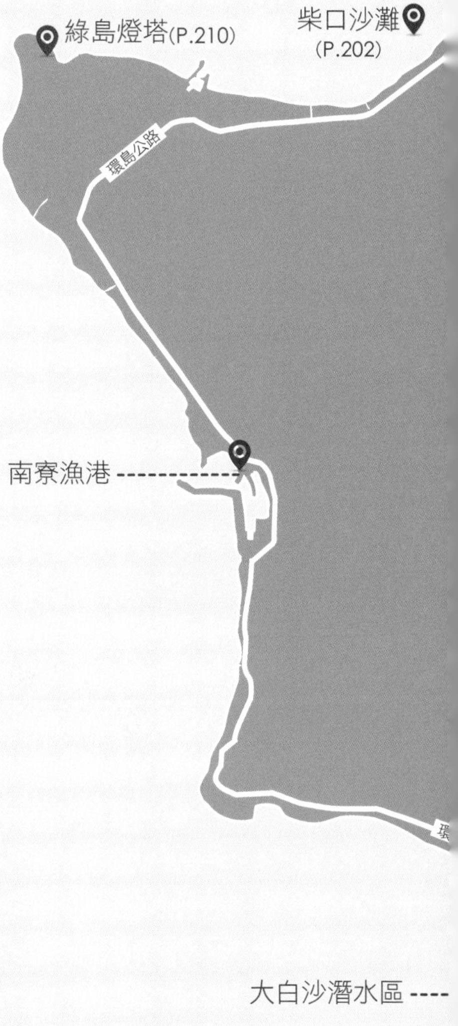

蜿蜒小徑裝下的顏色

綠島小長城

從太平洋上冒出的綠島，經過各種自然時光的淬鍊，成就了我們眼前的這片風景。踏在火山島的綠島之上，時而起伏蜿蜒的路從不間斷，許多道路依著山稜線而建，讓人可以走在登山步道之上，聆聽綠島的生命脈動。

綠島小長城是島上最熱門的一條步道，步道沿著綠島東海岸山稜線興建，一路蜿蜒到盡頭的兩座觀海亭。一座涼亭緊鄰無底懸崖，可遠望柚子湖；另外一座觀景台視野更是遼闊，可以看見哈巴狗與睡美人岩，天氣晴朗時，浮雲在天上悠遊，藍色與綠色在眼睛裡堆疊起綠島最美麗的色調，風景美得讓人神往。

1 走在步道上頭彷彿置身迷你版的萬里長城，因此這裡也有「小長城」之稱。
2 從小長城上遠眺失落的聚落柚子湖。
3 爬到了小長城的終點，望出去的風景就是哈巴狗與睡美人岩。

1

3

2

海底下、海岸上的世界

柴口沙灘

坐落在太平洋上的綠島，這一片蔚藍海岸，是熱愛潛水之人的天堂。島上分別有柴口浮潛區與石朗浮潛區，其中，柴口過去稱為「柵口」，因早期開墾綠島的漢人曾與島上原住民發生爭鬥，兩聚落在這邊以木材築牆對峙。隨著地方發展建設，此處正式更名為「柴口」，而從綠島的公館村到柴口、中寮村之間的海岸，則是綠島海岸中平原面積最廣的地方。

柴口附近的海底生態是綠島最豐富的地方，也是許多人來探索綠島時，觀察珊瑚礁與海底生態的首選之地，漸層的海水蔓延一片，海岸下的珊瑚礁閃著雪白的姿態，綠島的生命在此流動著。為了讓潛水客親近海洋，這裡特別搭建了一條連接通往大海的海上步道，避免潛水客下海的過程干擾到潮間帶生態，也方便不玩水的旅客在棧道上就近觀察潮間帶生物。不玩水的你，也可以買一杯飲料、帶著一本書，坐在看得到整片蔚藍海岸的堤防上，讓風與陽光陪你朗讀書上的故事。

1 柴口附近的海底生態是觀察珊瑚礁與海底生態的首選之地。

1

埋在黑暗的憤怒與哀愁

人權文化公園

綠島，過去囚禁了許多政治受難者，他們不是真正要犯，卻在此被囚禁了多年。

押送前往綠島的囚徒，被關在幽黑船艙內，跨越了洶湧的海峽，渡船帶著他們駛向綠島，關在這四方都是牆的地方，日日上著洗腦的魔鬼課程。解嚴之後，曾經關押上千人的綠島監獄舊址重新規劃為人權園區，包括新生訓導處、綠洲山莊和人權紀念碑等。走進這些囚禁著人們夢想與自由的獄所，一個小小的房間曾經擠了十幾個人；而走過悶熱的長長走廊，就已讓我滿身大汗。當時西曬的太陽，是否也把牢房曬得滾燙？他們當時心

1 這顆石頭見證了過去綠洲山莊囚禁了政治犯。
2 看那穿透穹頂的光，是這牢獄日子中唯一能感受到外界變化的方式。

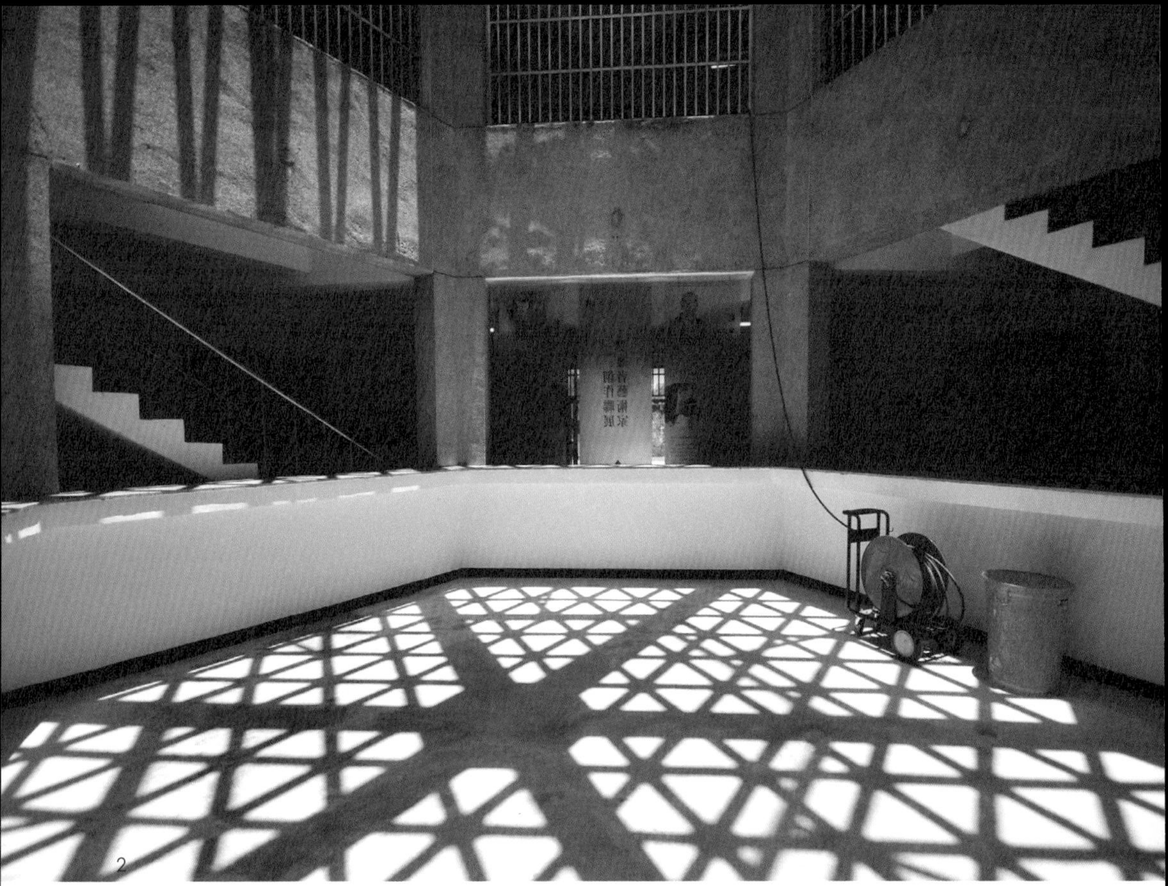
2

中的茫然、憤怒、無助、恐懼是否也在這熾熱中不斷交織？他們的心必定曾經在絕望的泥沼中掙扎，但心裡那座崇尚自由的花園，是無法囚禁的。終於，花園悉心呵護的花開好了，但昨天的那些傷悲、憤怒不可能復原，這是台灣的悲傷歷史。不曾面臨絕望的我們，絕對無法體會當時囚禁於此的受難者心情，但可以做的，就是讓當時的悲劇不再上演。

世界遺產多半是在讚賞人類偉大、具有價值的物產。而某些悲劇遺產的存在是為了警惕世人不該無視生命、人權及自由，更不該重蹈覆轍，因此將寫在歷史中的悲劇，增列記錄成悲劇遺產——綠島上發生的故事，就是如此。

虛實世界的兩個面

彎弓洞、燕子洞

1

2

綠島沿海經過多年海潮與風切的磨礪，形成各種海蝕面貌，而島上的彎弓洞及燕子洞亦分別承載了不同的故事。

充滿淒美故事的綠島也有著靈異傳聞，網路上謠傳著許多關於燕子洞的故事，在穿鑿附會下充滿了不可思議且可怖的氣息。但這些實際到了兩個海蝕洞後，我被眼前這寬闊的洞口給震攝住了。

充滿謎樣氣息的燕子洞因地理環境偏僻，洞口陰冷潮濕，據說過去是那些丟了性命的政治犯的停屍間，再往前追溯，這裡在日據時代更是刑場，據說許多擁有敏感體質的旅人到了燕子洞，會紛紛感到身體不適，因此燕子洞也是島上最多靈異故事的海蝕洞。

有別於燕子洞的詭異，彎弓洞則是綠島最大的海蝕洞，在遠方無法深刻感受到彎弓洞的寬大，走進洞內，水滴沿著礁石蔓延，遠方的海潮聲穿透雄偉的洞口，形成回音進入我耳中。海蝕洞的流言與真實是虛妄與現實的集合體，走到洞口才能深刻感受到那外頭的世界是多麼寬闊，而洞內的世界又是多著幽暗，那人的渺小，只有來過的人才能深刻體會到。

1、2 從燕子口內看出去的風景僅剩下一線的天光，是過去因行刑而結束生命的人看的最後風景吧？
3 謠傳燕子洞過去因洞內溫度較低，曾是置放屍體的洞窟，在日據時期更是刑場，因此許多靈異故事油然而生，連在地人都不敢靠近。

季風的故事
還在村子中盤旋

柚子湖聚落

浪花在一座座崩解的巨岩邊堆出了新的泡沫，而那失落的聚落，卻已無法在這個世代堆疊出新的延續。

踏上綠島南寮漁港，熱鬧非凡的街頭讓人忘懷這裡其實是一座離島，但隨著環島公路來到了綠島西角，風景卻換了一種情緒。位於海參坪北方的柚子湖聚落，深藏在綠島海岸線上的一個灣澳裡，在這個流動的世界，它像是殞落的流星，已失去了呼吸。

柚子湖為綠島過去的老漁村，早期種植過許多柚子，而「湖」字的由來，其實是由從閩南語的「澳」音之訛變，成就今日柚子湖之名。許多綠島人曾經居住於此，並仰賴漁業過活；但隨著時代變遷、漁業沒落，年輕人口逐漸流失，聚落的人們選擇搬到比較熱鬧、方便的地方居住，徒留幾幢空屋，等待著主人回來。聚落前綿延著一片海岸線，浪花依然拍打著雪白的沙灘，巨石風景依然靜好，那些飛出去的燕子也隨著季風回來了，但曾經在岸上滿心期盼捕魚豐收的居民呢？或許再也不回來了吧。

1 柚子湖周邊遍布許多火山特有的黑色集塊岩，屬於火山岩的一種，也再再證明了綠島為爆發過的火山島。

守護寂寞的光亮

綠島燈塔

踏上這座孤傲的離島，那座矗立在藍天下的燈塔，寫下了我對綠島的第一印象。早期綠島外海曾經發生船難，當時郵輪「胡佛總統號」從日本經基隆港駛往馬尼拉，航行的途中遇到海霧，將台東成功燈塔的燈光誤判為恆春鵝鑾鼻燈塔，最後在綠島的外海觸礁了。綠島居民得知發生船難，自發性地將所有乘客、船員營救上岸，並安頓於家中照料。見義勇為的行動獲得國際人士讚譽，隔年，美國紅十字會為紀念郵輪遇難，因此捐款興建了燈塔，綠島燈塔因此誕生。

在二次大戰中，綠島燈塔毀於空襲，後來於一九四八年重建完畢，現今的燈塔是重建後的樣貌，讓燈塔的光芒，重新守護著綠島周邊的海峽。

1 綠島燈塔由美國紅十字會捐款興建而成。

06 Chapter

小琉球・自潮水與浪花中誕生的樂天派

黑潮沿著經緯線來到了小琉球，敲響一季的豐收喜悅。世代以海洋為舞台的小琉球人，用魚網牽起家族的羈絆，撈起了潮水帶來的恩惠，孕育出島民的樂天性格。小琉球的天很寬闊，空氣很清新，就像這裡的人一樣，看什麼都是滿足的。

小琉球

Chapter 06 Little Liuqiu

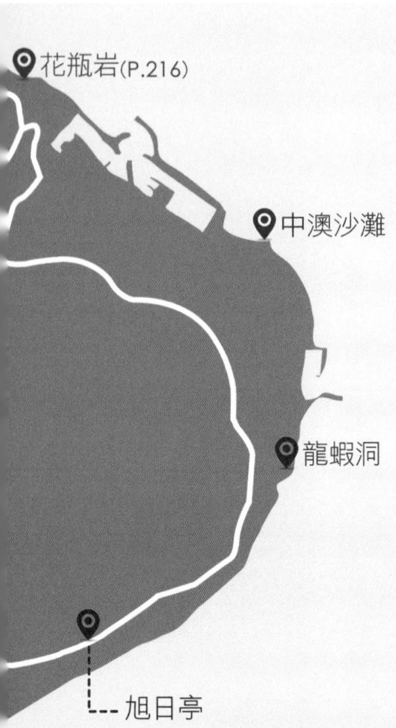

白燈塔

花瓶岩

許傑帶路　其他景點

蛤板灣

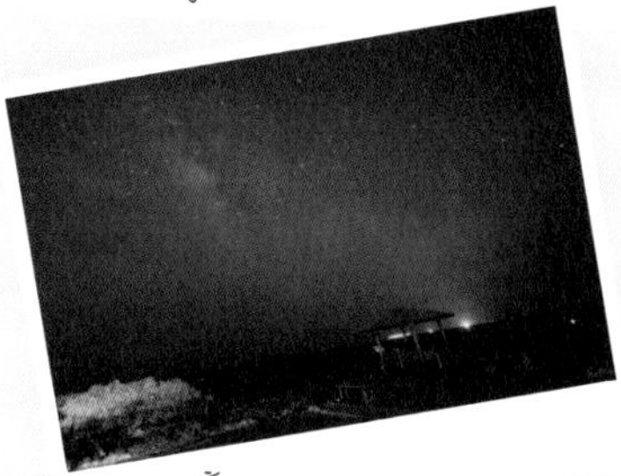
落日亭

美人洞風景區
杉福生態廊道
山豬溝生態步道
蛤板灣(P.218)
烏鬼洞
(P.224)
落日亭
(P.220)
白燈塔(P.224
厚石魚澳
觀音石
屏203
屏204
屏201
屏202
屏206
屏205

故事在日光中推向開始

花瓶岩

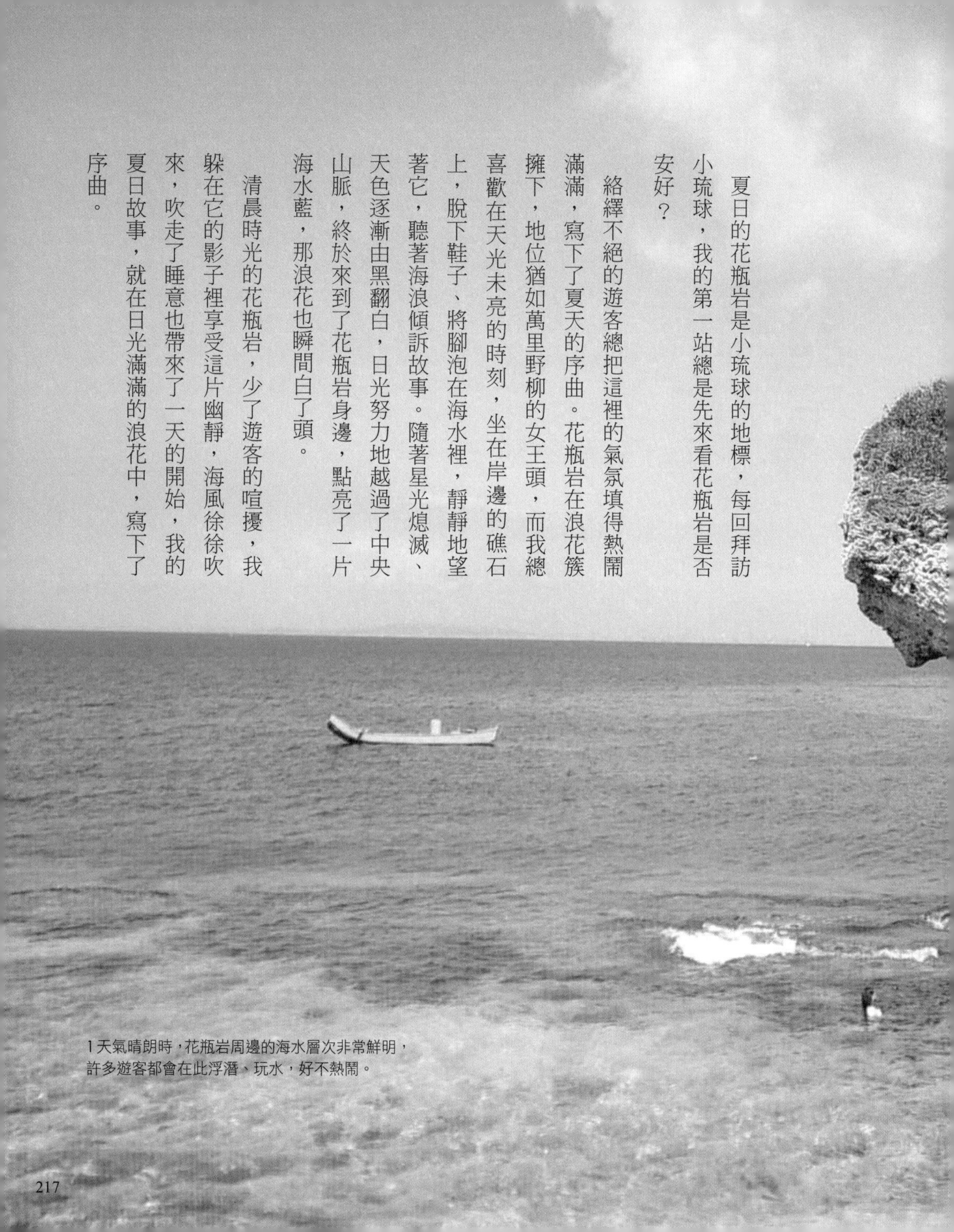

夏日的花瓶岩是小琉球的地標，每回拜訪小琉球，我的第一站總是先來看花瓶岩是否安好？

絡繹不絕的遊客總把這裡的氣氛填得熱鬧滿滿，寫下了夏天的序曲。花瓶岩在浪花簇擁下，地位猶如萬里野柳的女王頭，而我總喜歡在天光未亮的時刻，坐在岸邊的礁石上，脫下鞋子、將腳泡在海水裡，靜靜地望著它，聽著海浪傾訴故事。隨著星光熄滅、天色逐漸由黑翻白，日光努力地越過了中央山脈，終於來到了花瓶岩身邊，點亮了一片海水藍，那浪花也瞬間白了頭。

清晨時光的花瓶岩，少了遊客的喧擾，我躲在它的影子裡享受這片幽靜，海風徐徐吹來，吹走了睡意也帶來了一天的開始，我的夏日故事，就在日光滿滿的浪花中，寫下了序曲。

1天氣晴朗時，花瓶岩周邊的海水層次非常鮮明，許多遊客都會在此浮潛、玩水，好不熱鬧。

浪花交織
幸福的地方

蛤板灣

1

1 面向台灣海峽的蛤板灣，因為沙灘潔淨無比、海水蔚藍，在部落客口中有「威尼斯沙灘」的美名。
2 雖然蛤板灣沙灘很美，浪花很透明，但離岸流相當強勁，盡量避免下水或是游泳，以策安全。

沿著小琉球的環島公路騎著電動車，不敢騎得太快，我用時速二十的速率緩緩前進，就怕一個不小心就錯過了哪一個轉角的風景。

道路順著島的姿態而起伏，一個拐彎，我來到了位於小琉球島上西南側，一片深藏在樹林後方的海景映入眼簾。循著水泥小徑穿過了大樹的懷抱，再沿著小路蜿蜒來到了海邊，都還沒看到海，就先嚐到了空氣中的淡淡海味，看來潮水已經迫不及待先捎來了信息。

停下車，兩旁幾家小攤販賣著五顏六色的太陽眼鏡，鏡面上不斷反射著日光的閃耀。沿著步道走到了海岸邊，遠遠地，一朵朵白雲撞進我心海，而一粒粒有著繽紛色彩的貝殼，散落在金黃色的沙灘。脫下鞋子踏進透明的海水，海水溫柔地裹住了我的雙腳，帶走了身上背著的暑氣，而幾隻不知名的小魚在我腳邊游來游去，好像在告訴我：「來到這裡，一切都可以放空了。」眼前比日光還閃耀的那一對情侶，牽著手踏著浪花線前進，在這片浪漫交織的海岸線，我瞭解了幸福最初的模樣。

夕暮中，想起你的名字

落日亭

你是否也曾經有過一個人獨坐海岸線邊緣，看著黃昏的飛翔海鳥、流著淚，思念那段原本以為已遺忘的傷悲？同個地點、同樣的日落、當時的浪漫，如今隨著浪潮成了過往的情緒，你我已存在於不同的時空。我們的一生中，總會遇見某個難以遺忘的那個他，那個曾經說著遠方夢想的他、那個曾經陪伴自己走過風景的他，都已不在。

在星海誠的《你的名字》中，男女主角身處不同時空，卻在黃昏之時彼此相會：「為了不忘記彼此的名字，我們像這樣把它寫下來吧。」

黃昏非白天，也並非黑夜，這段時間光線昏暗，人的面貌不易辨識，因為模糊而產生曖昧。在這個眺望夕陽最棒的地點，是許多情侶拜訪小琉球讓愛情升溫的地方，坐在面對台灣海峽的座椅上，天色隨著時間出現微妙的變化，兩人之間的情感也在暮色中激起了新的火花，心又貼近了一些。

那些美好的風景背後，總會有著某個人的某一段故事，思念是一種需要放下的練習。期待下次同個暮色中，有人能夠喊著自己的名字。

2

1 落日亭，顧名思義是小琉球看夕陽最漂亮的地方。
2 入夜後的落日亭是觀賞星空的好所在，天氣晴朗時銀河就高掛在天上，非常浪漫。

1

白燈塔背後的神祕故事

白燈塔

1 白燈塔建於 1929 年，雖然高度只有 10 公尺左右，卻與鵝鑾鼻燈塔共同負責台灣海峽與巴士海峽船隻通行的安全，擁有相當重要的地位。
2 大榕樹下設置了小宗祠，在這裡能夠深刻感受到榕樹的靈氣與神祕。

位於這座漂流之島上有一座神祕的燈塔，以潔白的姿態坐落在島中央。白燈塔這裡其實不算是一個景點，但因為潔白的外型頗受婚紗業者的青睞，常常帶著新人到此拍攝婚紗，但燈塔背後擁有一個神祕的小故事，也是當地人避而遠之的一個禁地。

據傳日治時期，當地村民懷疑一位駐守於此的日軍偷了村中的雞蛋與雞，並且非禮村中女性，因而向其上司投訴，紀律嚴厲的日軍在軍法審判下判決這名軍人死刑，並把當時這位軍官飼養的一隻白猴子，也同葬在這座燈塔底下。但不久之後，村中開始出現無法解釋的現象，村民不堪其擾而開始撤離，而選擇繼續留下來的村民則是到了島上的碧雲寺，尋求神明協助。在神明的指引下得知，原來是因為那隻白猴成精在作怪，最後透過神明來平息此事，從此燈塔附近就沒有居民居住了。

遷離之後的村民在燈塔南方建了一座宗祠，地點就在燈塔附近的百年榕樹下，也把代表日軍的令旗與白猴的紅布都設置在旁邊一同祭祀。而現在要前往白燈塔之前，路上會有一條岔路，走到底就是這棵大榕樹，不過現在榕樹下時常有居民在這裡休憩、聊天，也常有許多遊客慕名而來這棵大榕樹下拍照，傳說中的神祕情節，已經隨著時間被人們稀釋淡忘了。

2

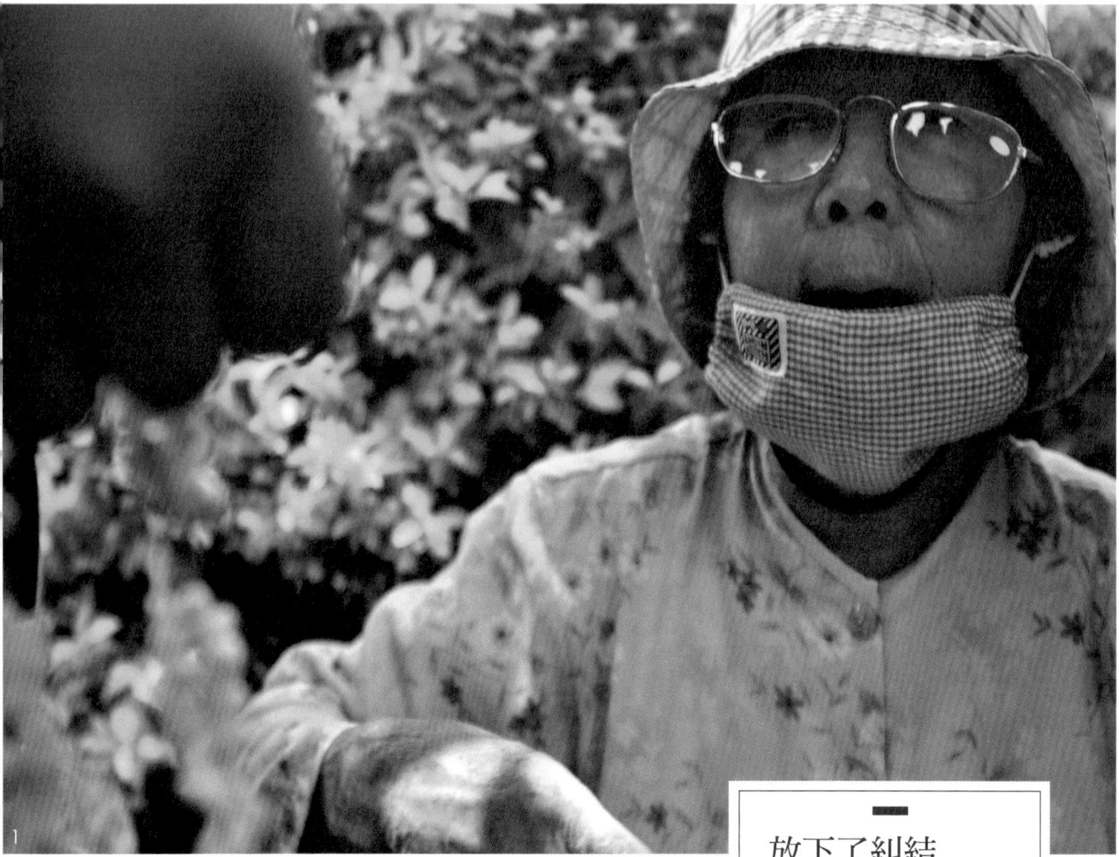

1

放下了糾結
才能真正快樂

星沙婆婆

1「做人毋通樣樣都計較。」星沙婆婆這樣對我說，她明知生命即將走到盡頭，依然堅持用一根牙籤和與無限耐心，來過自己的晚年生活。
2 星沙其實是一種孔蟲死亡後角質化形成的，因形狀類似星星故名為星沙，台灣當地因為環境問題加上人為開採過於嚴重，已經鮮少有星沙的存在，但我在澎湖的七美島及台東的綠島沙灘上都還有目睹過沙灘上的星沙。
3 婆婆的攤位販售著簡單的紀念品，雖然大多都不是那樣吸引人，卻是撐起婆婆家計的主要來源。
4 婆婆每天早上起床後就坐在烏鬼洞出口販售紀念品，路過的朋友可以跟婆婆聊聊天，可以從她身上看見許多樂觀的態度與積極的精神。

烏鬼洞旁有一位駝著背、帶著大大的老花眼鏡與漁夫帽、穿著花布襯衫的婆婆坐在路邊，端著一塊紅色紙盤、手拿一根牙籤，奇特的景象吸引了我的目光。

「阿婆，妳在做什麼？」我用台語問了問。

婆婆看見我的到來，布滿人生紋路及歲月斑點的臉上露出笑顏，跟我介紹著她的工作：「這是小琉球的星沙！」星沙沒有台語可以翻譯，於是婆婆以台語夾雜國語跟我聊著。

婆婆是道地的琉球人，在琉球生活了七十幾年，「星沙婆婆」是我替她取的名字。獨坐風景區一旁的她挺著年邁的身軀，紅色基調的桌巾布置起一個簡易的流動攤子，上頭展示販售著各式充滿海洋風格的紀念品，攤子很不起眼，卻撐起了婆婆的家計。婆婆說，早年小琉球星沙多到讓人習以為常，在地人也不覺得這種沙有什麼稀奇的，直到某年有人告訴她星沙的特別之處，她才開始了販賣星沙的晚年人生。

婆婆拿出了兩袋星沙，一袋較黑，一袋較白，她告訴我：「比較黑的沙其實是越南來的，品質有夠差、有夠醜，你看我們琉球的多漂亮！現在台灣的星沙越來越少了，很多都是從其他國家來的，但是外地的星沙來跟琉球道地的星沙比起來，品質真的差很多。」看來婆婆對於小琉球當地的星沙品質感到相當驕傲。

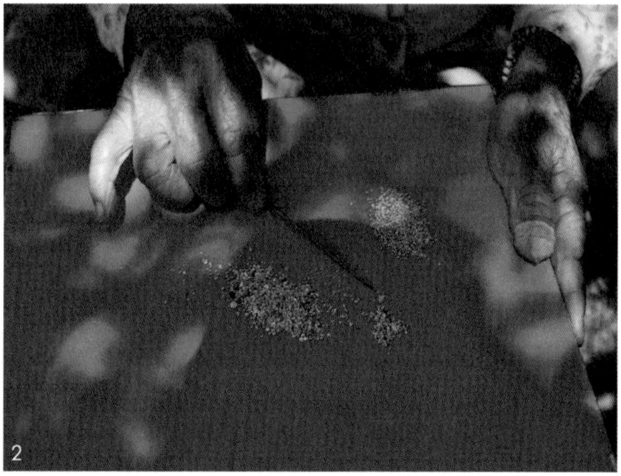
2

婆婆說，近年來小琉球的星沙減少很多，許多商家改販售從國外進口的劣質星沙。不去撿拾星沙的原因有很多，一方面是替琉球當地作保育，一方面也是星沙越來越稀少了很難撿。改用越南進口及其他東南亞的星沙，不但價格便宜，許多觀光客也不懂得分辨，看了喜歡就買回去紀念了。

即使如此，婆婆依然選擇以自己的方式尋找小琉球最道地的星沙，雖然數量實在太少，只能在散沙中用人工的方式，一顆一顆把星沙挑出來裝罐，有時候甚至一天都還裝不上一小瓶。

我問星沙婆婆，去海邊撿星沙的祕訣是什麼呢？她笑著說：「憨囡仔，星沙都在海底，撿星沙要等到海水退，露出沙灘，用桶子把沙子挖起來，洗一洗後曬乾，用牙籤一顆一顆把星沙挑出來，裝到瓶子裡，就可以賣了。」

問婆婆挑得這麼辛苦，一瓶賣多少？婆婆回答：「三十元！」用一天的時間換了一瓶三十元星沙，這代價值得嗎？或許婆婆覺得是值得的，畢竟這是年邁的她唯一能做的工作了，這也是她為何願意日復一日地用一根牙籤挑選著紅盤子上的一堆散沙——即便已老眼昏花。

離去前，我向婆婆買了一些商品，婆婆偷偷跟我抱怨了一下：「上次那個大陸人，跟我拿了一大堆東西，大概有六百元吧，她只給我兩百元，真是有夠誇張的。」

「妳不生氣嗎？」我問。

「生氣啊！但做人毋通樣樣都計較，反正以後還是會賺回來的。」

星沙婆婆熱愛自己的土地，珍惜小琉球的在地資源，也以小琉球道地的星沙為傲。跟她聊天時，婆婆可愛的面貌總是讓人莞爾一笑，雖然日賺不多，但也顯示她樂天知足、不愛計較的海派性格。

3

4

挑選最適合的時間，
跟著許傑的腳步，
開啟屬於你的離島飛行吧。

六月	七月	八月	九月	十月	十一月	十二月
四中旬至六月中旬左右為花火節，週一、四會施放煙火						
	可戲水踏浪（須注意颱風）		七月金湖海灘花蛤季		十至十二月為最佳季節	
	最佳季節	七、八、九月最適觀星		可看見一望無際的高粱田 十～十二月金沙鎮高粱老街風獅爺文化季		
收藏季						
			中秋後終食祭			
最佳季節，天氣穩定				十、十一月因遊客少，旅遊品質佳		

離島適遊 月份推薦

	一月	二月	三月	四月	五月
澎湖		元宵乞龜祈福活動		最佳季節	
金門			霧季，飛機可能不起飛		
馬祖	元宵擺暝嘉年華				
				藍眼淚好發期	
蘭嶼		招魚季			
			飛魚季		
綠島	四季皆宜				
小琉球					

四月金寧石蚵小麥文化季
四、五月浯島城隍文化觀光祭

九月鐵板燒塔節 &
媽祖昇天祭

■ 情報旅遊

我們的，離島風物詩

絕美祕境、溫煦人情、好食風光，尋訪純淨的島嶼映像

作　　者：許傑
主　　編：俞聖柔
特約編輯：馮兒
校　　對：馮兒、俞聖柔、陳婕妤
封面設計：海流設計
美術設計：陳語萱
內文排版：陳語萱、LittleWork

發 行 人：洪祺祥
副總經理：洪偉傑
總 編 輯：林慧美
法律顧問：建大法律事務所
財務顧問：高威會計師事務所
出　　版：日月文化出版股份有限公司
製　　作：山岳文化
地　　址：台北市信義路三段 151 號 8 樓
電　　話：(02)2708-5509
傳　　真：(02)2708-6157
客服信箱：service@heliopolis.com.tw
網　　址：www.heliopolis.com.tw
郵撥帳號：19716071 日月文化出版股份有限公司

總 經 銷：聯合發行股份有限公司
電　　話：(02)2917-8022
傳　　真：(02)2915-7212
印　　刷：禾耕彩色印刷事業有限公司
初　　版：2018 年 4 月
定　　價：350 元
I S B N：978-986-248-717-4

國家圖書館出版品預行編目資料

我們的，離島風物詩：絕美祕境、溫煦人情、好食風光，尋訪純淨的島嶼映像／許傑著 . -- 初版 . -- 台北市：日月文化，2018.04
240 面；16.7*20 公分 . --（情報旅遊）
ISBN 978-986-248-717-4（平裝）

1. 遊記 2. 世界地理

733.6　　107003558

日月文化集團
HELIOPOLIS
CULTURE GROUP

客服專線 02-2708-5509
客服傳真 02-2708-6157
客服信箱 service@heliopolis.com.tw

日月文化集團 讀者服務部 收

10658 台北市信義路三段151號8樓

對折黏貼後，即可直接郵寄

日月文化網址：**www.heliopolis.com.tw**

最新消息、活動，請參考 FB 粉絲團

大量訂購，另有折扣優惠，請洽客服中心（詳見本頁上方所示連絡方式）。

日月文化　EZ TALK　EZ Japan　EZ Korea

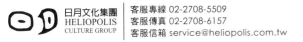

日月文化集團
HELIOPOLIS
CULTURE GROUP

感謝您購買 我們的，離島風物詩

為提供完整服務與快速資訊，請詳細填寫以下資料，傳真至02-2708-6157或免貼郵票寄回，我們將不定期提供您最新資訊及最新優惠。

1. 姓名：＿＿＿＿＿＿＿＿＿＿ 性別：□男 □女
2. 生日：＿＿＿年＿＿＿月＿＿＿日 職業：
3. 電話：（請務必填寫一種聯絡方式）
（日）＿＿＿＿＿＿（夜）＿＿＿＿＿＿（手機）＿＿＿＿＿＿
4. 地址：□□□
＿＿＿＿＿＿＿＿＿＿＿＿＿＿＿＿＿＿＿＿
5. 電子信箱：＿＿＿＿＿＿＿＿＿＿
6. 您從何處購買此書？□＿＿＿＿＿＿縣/市＿＿＿＿＿＿書店/量販超商
□＿＿＿＿＿＿網路書店 □書展 □郵購 □其他
7. 您何時購買此書？ 年 月 日
8. 您購買此書的原因：（可複選）
□對書的主題有興趣 □作者 □出版社 □工作所需 □生活所需
□資訊豐富 □價格合理（若不合理，您覺得合理價格應為＿＿＿＿＿）
□封面/版面編排 □其他＿＿＿＿＿＿＿＿＿＿
9. 您從何處得知這本書的消息： □書店 □網路／電子報 □量販超商 □報紙
□雜誌 □廣播 □電視 □他人推薦 □其他
10. 您對本書的評價：（1.非常滿意 2.滿意 3.普通 4.不滿意 5.非常不滿意）
書名＿＿＿＿內容＿＿＿＿封面設計＿＿＿＿版面編排＿＿＿＿文/譯筆＿＿＿＿
11. 您通常以何種方式購書？□書店 □網路 □傳真訂購 □郵政劃撥 □其他
12. 您最喜歡在何處買書？
□＿＿＿＿＿＿縣/市＿＿＿＿＿＿書店/量販超商 □網路書店
13. 您希望我們未來出版何種主題的書？＿＿＿＿＿＿＿＿＿＿
14. 您認為本書還須改進的地方？提供我們的建議？
＿＿＿＿＿＿＿＿＿＿＿＿＿＿＿＿＿＿＿＿
＿＿＿＿＿＿＿＿＿＿＿＿＿＿＿＿＿＿＿＿